SOU・SOUの名物裂《めいぶつぎれ》

テキスタイルデザイン手帖

松は松らしく

MATSU WA MATSU RASHIKU

Natural pine beauty

松には松の美しさがあり、
竹には竹の美しさがある。
松に竹の美を求めても無理である。
人も同じで、その人その人の
長所を生かすようにすればよい。
自然に、無心に、あるがままの姿で
生きていくことが出来れば、
それが最も美しいことなのだろう。

ほほえみ

HOHOEMI

Smile

ほほえみは笑いと違って
その人の本当の気持ちを表していると思う。
包み込まれるような大きな
ほほえみに出会ったら
人はどんなに暖かい気持ちになるだろう。

菊づくし

KIKU ZUKUSHI　Chrysanthemum burst

僕にとって菊というのはデザインしやすいものだ。
花びらをどれだけでも増やしていけるから、
どんどん描き込んでいって、あとで
バランスとかリズムをよくしていったのが、菊づくし。
このバランスとリズムというものが
テキスタイルデザインにはとても大事だと思う。

間がさね

MAGASANE　Dots and stripes

手さぐりで水玉を描きストライプを描いて空間を埋めていった。
外国で暮らしていると無意識のうちに
自分のアイデンティティーやルーツを考えている。
日本への想いもある。それが思いがけず出てきたようだ。
端切れになっても残しておきたいと思うものを
作りたいという強い想いがあった。

布芝空薔薇

NUNO SHIBA SORA BARA　Woven roses

布はストライプの布
芝は緑の芝生
空は青い空
薔薇は薔薇園
ギャラリーprinzのためのデザイン。
ゆったりした空間に
静かな時が流れている。

菊

KIKU Chrysanthemum

パリ滞在中に今までさけてきた
日本的なもののよさを意識しはじめる。
帰国後、和菓子や干菓子の菊をモチーフに
想いをこめてデザインした。
日本的な印象を強調しようと
ハーモニーよりコントラストを重視、
黒い雲で緊張感を。

目次

はじめに

SOU・SOU

SOU・SOUは京都にあるテキスタイルブランドです。テキスタイルデザイナーの脇阪克二、建築家の辻村久信、そしてプロデューサーの僕、若林剛之の三人で始め、二〇〇二年に誕生しました。「新しい日本文化の創造」をコンセプトにオリジナルテキスタイルを作成し、和服、地下足袋、風呂敷、家具等を製造販売しています。

　そもそもSOU・SOUは、僕が脇阪さんのテキスタイルに出逢ったことから始まりました。時代に流されない普遍性、なんとも言えない手描きのかわいさ、あたたかさ。僕はひとめで脇阪さんのデザインの虜になってしまいました。

　後でわかったことですが、脇阪さんのテキスタイルデザインは、見たものを描くというよりは自分の中のイメージから湧き出るものを描かれていることが多い。だから実際には存在しないものもいっぱいある。でもイメージを絵にしているから、見ている方も自分なりにそこから何かを想像したり感じたりしやすいのではないかと思う。


日本には豊かな自然がある。うつろいゆく四季がある。

そして僕達が暮らすここ京都には、すばらしい伝統文化がある。


　僕は今の時代の日本だからこそ生まれるポップなデザイン、京都で暮らしているからこそ創られる感性のようなものを、脇阪克二／SOU・SOUのテキスタイルデザインを通じてプロデュースできればいいなと思っています。

　この本は、脇阪さんがフィンランドのマリメッコ、ニューヨークのラーセン、そして日本のワコールで活躍した後、SOU・SOUで創り出した初のテキスタイルデザイン集です。テキスタイルにそえられる言葉もすべて、脇阪さんによるものです。言葉を読んでテキスタイルを見ると、デザインの見え方が少し違ってきます。そのあたりも楽しんで頂けたら幸いです。

SOU・SOUプロデューサー　若林剛之

四季

春、夏、秋、冬、
日本人は四季に寄り添って
生きることが心地よいと感じてきた。
これは　とても美しいことだと思う。

四季を感じて暮らしていれば
四季それぞれのデザインが気持いい。

春、桜の柄のてぬぐいを使おう、
秋、菊の柄の服を着て出かけよう。
そんな感覚で
テキスタイルを楽しんでいただけると
とてもうれしい。

春

SPRING

うらら

URARA　Spring buds

早春のやわらかな緑の中に
丸いかわいいつぼみが
ふくらみを増してくる。
寒さの中、少しずつ春の暖かさが
しのびこんでくる。
つぼみが花開き、うららかな春は
もうそこまで来ている。

立春

RISSHUN　First day of spring

節分の次の日が立春。字のとおり春が立つという意味。
しかし二月のこの時期は一年で一番寒い季節かもしれない。
それでも梅の花が開きはじめ春がそこまで
来ていることを感じる季節。
立春は春を待つ心が浮き立つ節目でもある。

春分

SHUNBUN　Spring equinox

白と黒が半分ずつ
光と闇が半分ずつ
昼と夜が半分ずつ
春分の日はそういう日です。
そして、いよいよ本格的な春が
来つつあると実感できる日でもあります。

菜の花

NANOHANA　Rapeseed blossoms

菜とは食用の意味で菜の花とは食用の花。
まだ寒い時期から黄色い花を咲かせた
菜の花が野菜売り場に並ぶ。
その明るい黄色と少し苦みのある味が
食卓に春を運んでくる。

おおいぬのふぐり

ŌINUNOFUGURI　Tiny blue flowers in spring

緑の中に小さく鮮やかな
おおいぬのふぐりの
青い花がびっしり並んでいる。
どういうわけか青空を見ている感じがする。
これを発見すると
春が来たなあとうれしくなる。

おひなさま

OHINASAMA　Ohina dolls

あかりをつけましょうボンボリに、
お花をあげましょう桃の花…。
ひなまつりのこの歌はとても愛らしい。
女の子が生まれた喜びが感じられる。
その子が心身ともに健やかに成長していってほしい
という願いをこめておひなさまを飾る。

ひなまつり

HINAMATSURI　Doll's festival

ひなまつりと言えば、緋毛氈《ひもうせん》の上におひなさま。
でも菱餅も素敵なもの。
菱形をした、紅、白、緑の餅が
三段重ねになっていてかわいい。
その三色の菱形を並べていって
桃の節句のお祝いに。

春一番

HARU ICHIBAN　Spring is here!

まだ少し肌寒い春の風にさそわれて外に出ると、
暖かな日差しの中に小さな赤い花がいっぱい咲いている。
点々と並んで背くらべをするように、
競い合って大きくなろうとしている。
野の花のたくましさ可憐さに、
生きていることはこういうことだと教えられる。

ひとひら

HITOHIRA　Falling sakura petals

天に向かって伸びた大木の山桜。
ひとひら、ひとひら、花びらがこぼれ落ちる。
その下にたたずんでいると、夢なのか現実なのか、
定かではなくなってくる。日本人は、散る桜を見て
生きることのはかなさ、今生きていることの
尊さを歌に詠み、絵に表し、涙してきた。

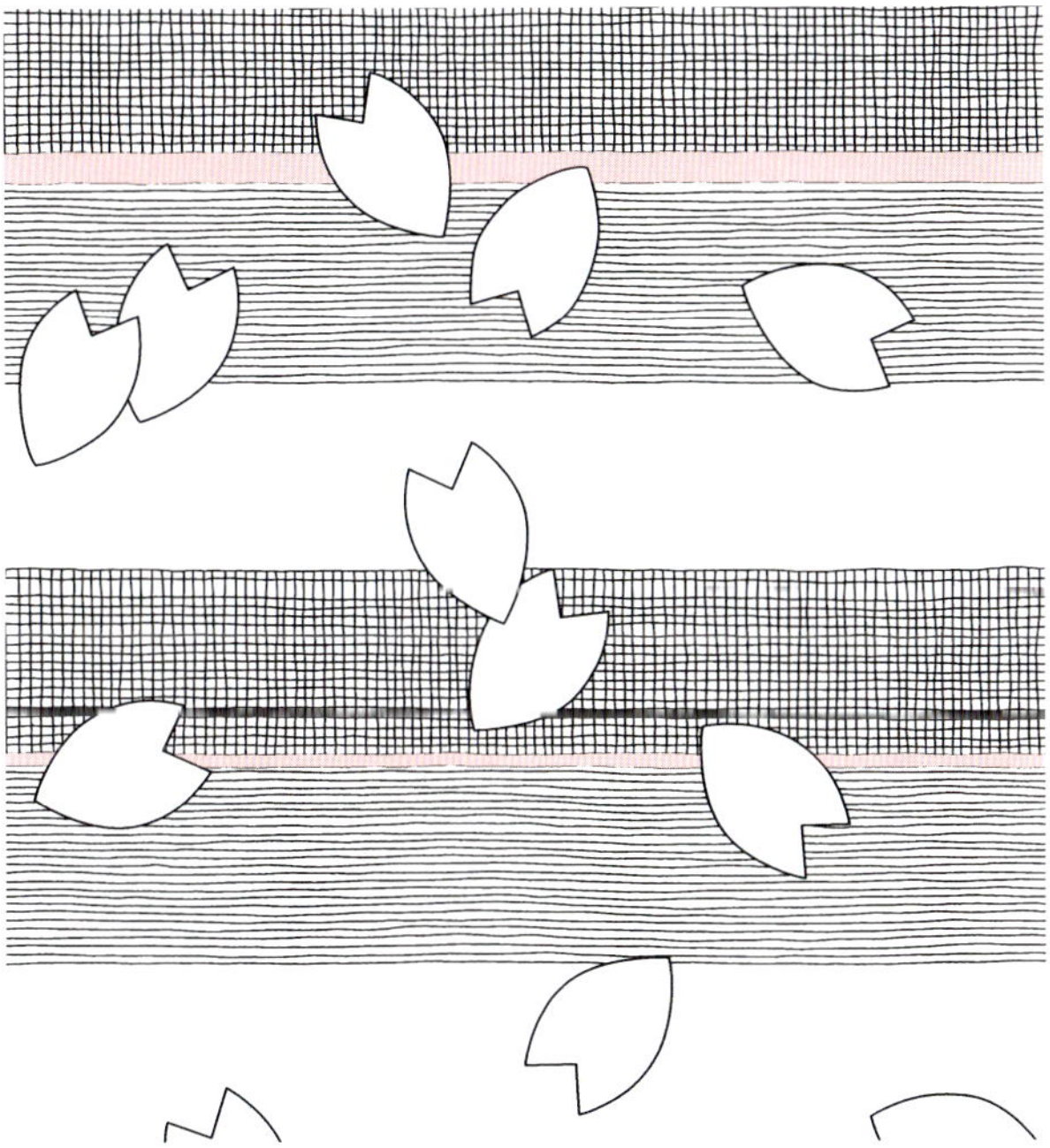

桜づくし

SAKURA ZUKUSHI　Sakura everywhere

春になると日本各地が桜一色に包まれる。
艶やかで切なくて潔くて…。
何とも言えない感情を呼び起こす桜の花。
日本人は桜とともに情緒的なひとときを過ごす。

爛漫

RANMAN　Full bloom

桜は日本の国花。
朝によく、夕によく、降ってよく、
嵐にも又あわれが深い。
満開のころは色彩的な喜びに満ち満ちており、
日常の世界を忘れて浮き浮きした
気持ちにいざなう。まさに春爛漫。

桜まんじゅう

SAKURA MANJU　Sakura sweets

円の中に桜の花を描く。
桜が入ったシャボン玉にも見えるし、
おまんじゅうの上に桜の花びらが
のせてあるようにも見える。
こんなおまんじゅうがあれば
楽しめるだろうなぁ。

さくらさくら

SAKURA SAKURA　Sakura, sakura

若いとき、桜は装飾的な感じがして好きな花ではなかった。
しかし年を重ねて京都へ戻ってきて
見る桜はこよなく美しい。
あと何回この花を見られるのだろうか。
桜を見ているこのときが何ものにも
かえがたいものに感じられてくる。

ならんだ ならんだ

NARANDA NARANDA　Rows of roses

花模様を作るとき、僕はあまり花を縦にも横にも
並べることはしない。その方が流れがうまれ
テキスタイルデザインとしては自然で使いやすいと思うから。
今回あえて縦にも横にも並べてみた。
色も縦に並べることで、逆に新しいリズムがうまれてきたようだ。
ならんだ、ならんだ、バラの花がならんだ。

さんさん

SAN SAN　Radiance

桜の季節が終わり風薫るころ。
光り輝く太陽、真青な空にさわやかな大気。
さんさんとふりそそぐ陽を浴びて
ピンク、紫、黄、青と
とりどりの花が合唱している。

花壇
KADAN　Flower beds

レンガを低く積んだ長方形の花壇に種をまく。
花が開いたときの情景を思い浮かべながら配置を決めていく。
毎日少しずつ水をやりながら少しずつ成長していく姿を
見守っていく。そしてある朝、一輪の花が開く。
花や植物を育てるのはその過程すべてが楽しく心を豊かにしてくれる。

花園
HANAZONO　Flower garden

黄色やオレンジの花がいっぱい。
赤やピンクの花もいっぱい。
歩いていくあちらにもこちらにも
色とりどりの花が輝いている。
しあわせな春の一日。
花はなぜこんなに美しいのだろう。

牡丹

BOTAN　Peonies

立てば芍薬《しゃくやく》、座れば牡丹、歩く姿はゆりの花。
これは昔の美人を表す慣用句だった。
牡丹は華やかで美しく、模様にしても豪華。

気球散歩

KIKYŪ SANPO　Sky walk

まあるい気球に乗って大空の散歩に行こう。
森をこえ山をこえ川に沿って進んでいく。
野原に出ると緑の中に放牧されている
牛や馬の姿が小さく見える。
気持ちがいいだろうなあ。

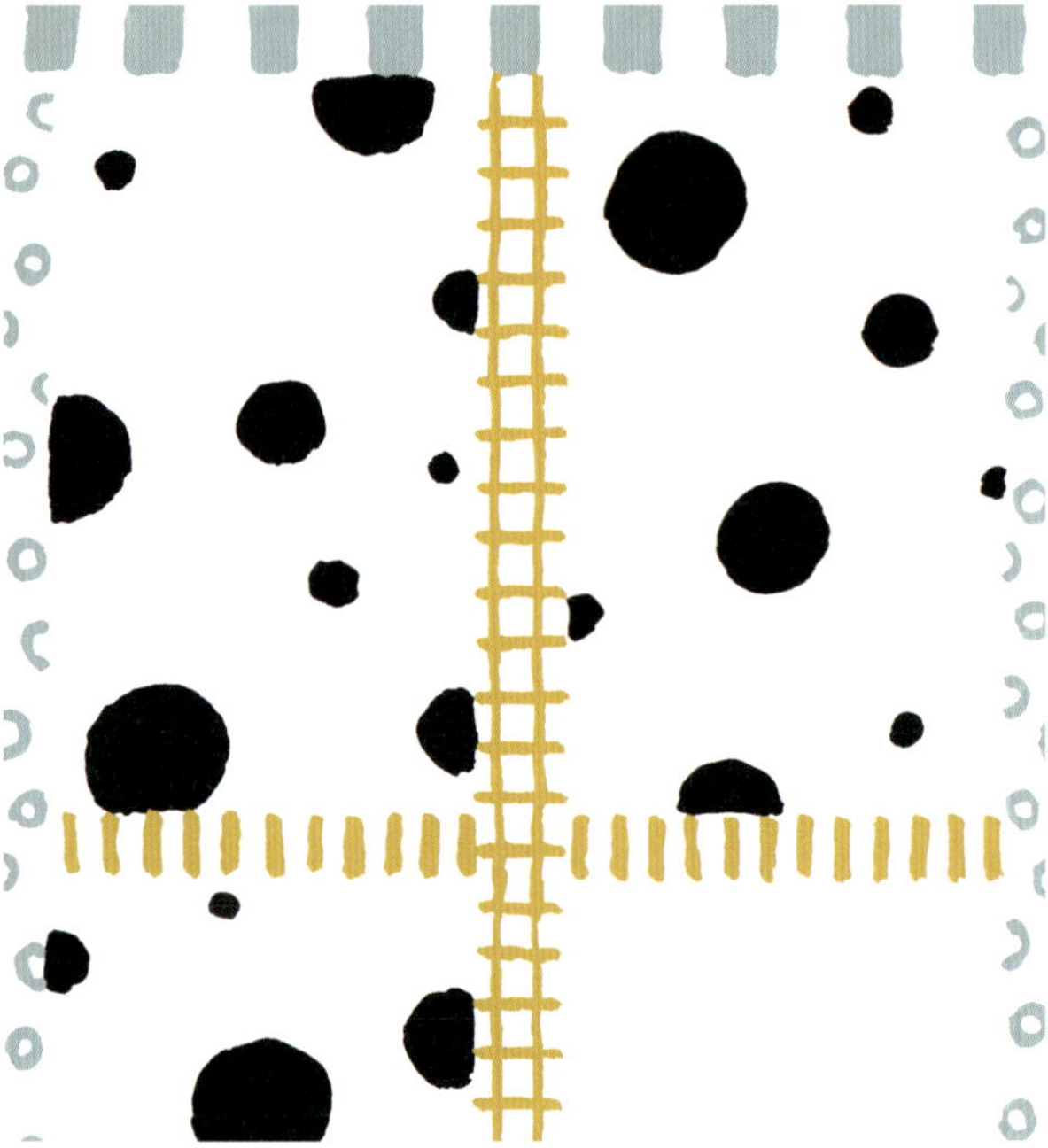

三色菫

SANSYOKU SUMIRE　Violet violas

深く神秘的な紫、鮮やかな黄色。
ビロードのような質感。
不思議な花びらの形。
他の花にはない強烈な個性を持った花、三色菫。
かわいいだけではなくどこか悪魔的な魅力を
秘めて迫ってくるものがある。

たけのこ

TAKENOKO　Bamboo shoots

土の表面にたけのこが顔をのぞかせている。
ちょっとだけ芽を出しているものや頭だけ
のぞかせているもの、ぐっと成長したものなど
背くらべをしているようでほほえましい。
そうして育ったたけのこの独特の味わいは
春の楽しみのひとつですね。

花筏

HANAIKADA　Floating flowers

花が散って水面に浮かび
流れるのを筏に見立てる。
自然に溶けこんで遊びたわむれる
日本人の気持ちをよく表した言葉。

植物園

SHOKUBUTSUEN　Botanical garden

緑がいっぱいの植物園。
目に入ってくるものは
心地よい緑、緑、緑。
その中に色鮮やかな花が咲いている。
植物園は花と緑の国。

少女

SHÔJO　Little girls

ピンク、赤、イエロー、オレンジなどの
明るく鮮やかな色でシンプルな花を描く。
明るく元気いっぱいの少女のように
どんどん並べていって模様に。

藤棚

FUJIDANA　Wisteria trellis

木々の間に薄紫のかたまりを見つける。
野生のふじが蔓をはわせて
木を登り、花を咲かせている。
緑の重なりの中で見るふじは力強い。

道草
MICHIKUSA　Roadside flowers

アッきれいな花があったと立ち止まって、花を摘む。
花を摘んでいると、昆虫が目に入ってきてじっとそれを見ている。
まっすぐに帰っていけばいいのだけれど、
時が過ぎて家に帰るのが遅くなってしまった。

四つ葉
YOTSUBA　Four-leaf clover

花のような葉のような
小さなモチーフを並べた。
×や+が並んでいるようにも見えリズムがある。
遠くから見ると
無地のようにも見えて使いやすい模様。

すずしろ草

SUZUSHIROSÔ　Small white flowers

細い体つきだが茎をせいいっぱい伸ばして
真白な四枚の花びらをつけるすずしろ草。
ダイコンの花に似た可憐な花だが
厳しい傾斜地や崖などにも生育するたくましい花。
負けずにがんばろうと思わせてくれる。

夜桜ひらり

YOZAKURA HIRARI　Sakura petals dance in the night

桜は三分咲き、五分咲き、満開とどの瞬間も美しい。
しかしそれにもまして魅力的なのは散っていくとき。
いさぎよく散る姿にもののあわれを感じ、
自分の人生を重ね合わせる。
夜桜がひらひらと舞い散る姿には
妖艶さも加わり一段と美しい。

わらび

WARABI　Fern

和菓子の中のお干菓子にあるわらびの形を
並べてつくった模様。
お干菓子は単純な形でものの本質を
表しているところが面白い。

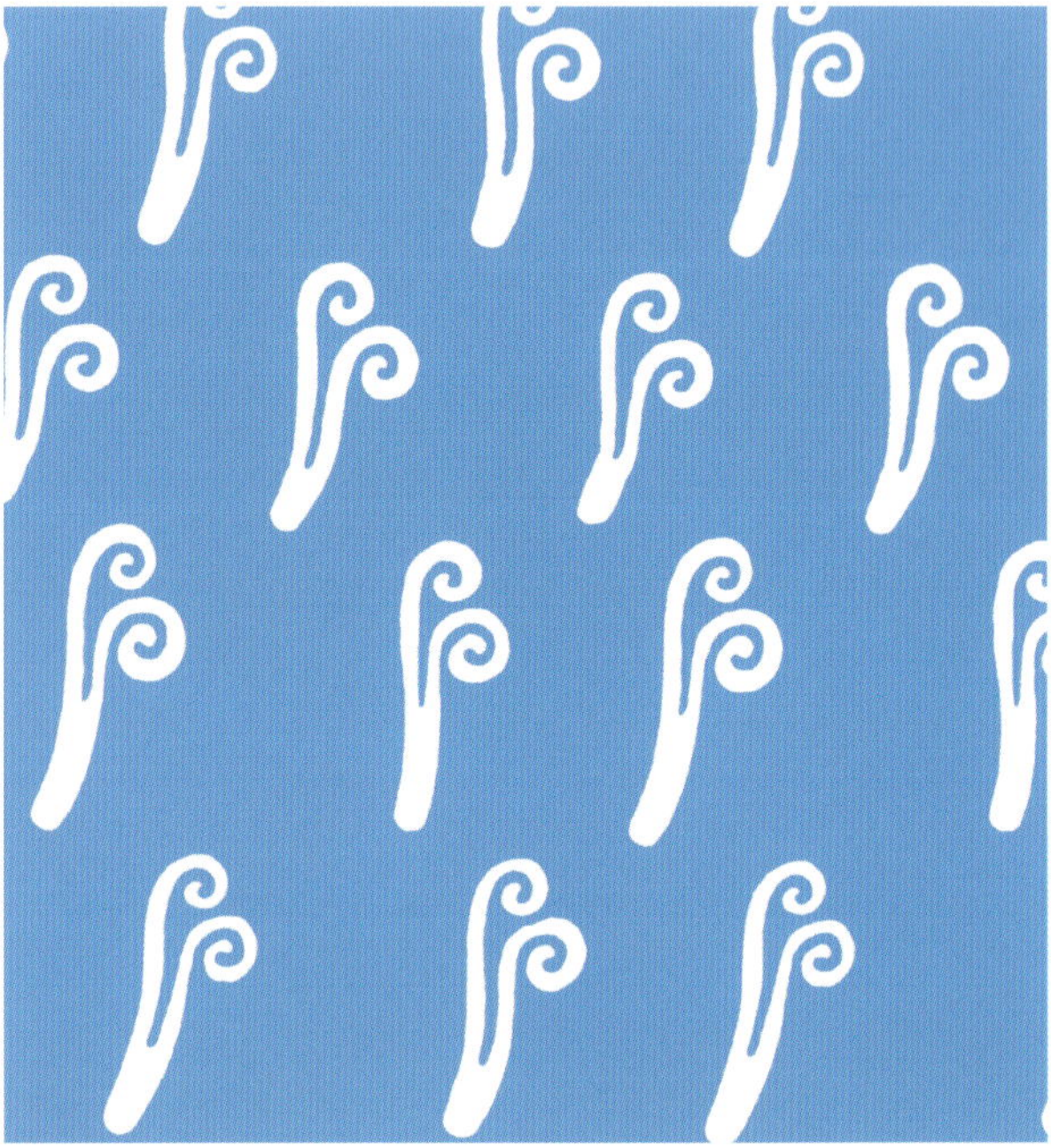

湧水

WAKIMIZU　Spring water

静かな森の中
水底の小石まではっきりと見える程
すんだ水が湧き出している。
ぷくぷく湧いてくる水に
鮮やかな緑の水草がゆれている。
湧き水のあるところは神秘的で清々しい。

さざ波

SAZANAMI Ripples

水は同じような模様を描いて流れているのだが、
見ていて飽きることがない。
水音も耳に心地よい。さざ波の立っているところでは
音が少し高くなって、波の模様も違ってくる。
いろいろに変化しながら悠久の時を刻んでいる。

雲間

KUMOMA Between the clouds

たれこめていた雲が少しずつ晴れていって、
雲の間から青空がのぞいてくる。
自分の人生が開けてきたような
明るい気持ちになってくる。

春風

HARUKAZE　Spring breeze

畑の間に点々と菜の花畑の黄色が
あるのは、まさに春の彩りといえる。
菜の花や 月は東に 日は西に
という蕪村の句は、のどかな春の
幸せな気持ちを感じさせてくれる。

清明

SEIMEI　Clear and bright spring

春先のさわやかな大気の中、花が咲きはじめ
万物が清らかで生き生きしばめるころ。
入学や卒業、就職、引越しといったころでもある。
出会いや別れ、旅立ちなど
人生のドラマが待っている季節でもある。

れんげ草

RENGE SŌ　Milk vetch flowers

「春の小川はさらさらいくよ、
岸のすみれや　れんげの花に…」
と歌われたように、昔はどこでもれんげの花を見かけた。
僕は京都の街中で育ったので、
いつも見てきたわけではないけれど、
とても親しみを感じる花だ。

小さな花

CHIISANA HANA　Tiny flowers

緑の中に小さな花が咲いている。
あっちを向いたりこっちを向いたり
仲良く並んでいたり
ひとりポツンと離れていたり。
みんな小さな口を精一杯あけて
夢中になって歌っている。

しあわせ

SHIAWASE Happiness

五月頃から野原に姿をあわらす白詰草。
普通は三枚の葉をつけるが、中には四枚の葉もあって、
それを見つけるとしあわせになれるという言い伝えがある。
僕が子どものころ、女の子は白詰草を摘み、
その茎を編んで王冠や首飾りにして遊んでいた。
昔の子ども達は豊かな時間をすごしていたと思う。

五月雨

SAMIDARE Early summer rain

五月雨は旧暦の五月に降り続く雨で、今でいう梅雨。
毎日降る雨に身も心も沈みがち。
雨粒を描いて白い横線を入れて
すだれごしの雨のイメージに。
雨の日も心の持ち方で楽しい一日に。

尚武

SHŌBU　Iris courage

五月の端午の節句には菖蒲《しょうぶ》をお風呂に入れて、邪気を払い、男の子が強くたくましく育つことを祈願する。葉が刀に似ているところから「尚武（武をすすめる）」とも表される。菖蒲の葉だけで模様を作るのは、むずかしい。シンプルに並べて少しだけ変化をつけると、菖蒲が立ち並んでいる感じが出てきた。端に白い空間を残したことで、間《ま》が出来て粋になった。

若葉

WAKABA　Young leaves

雨が上がった後の瑞々しい新緑。生まれたばかりのやわらかい葉が輝いている。一日一日成長していくその姿に若々しい力が体のすみずみまで充ちてくるようだ。

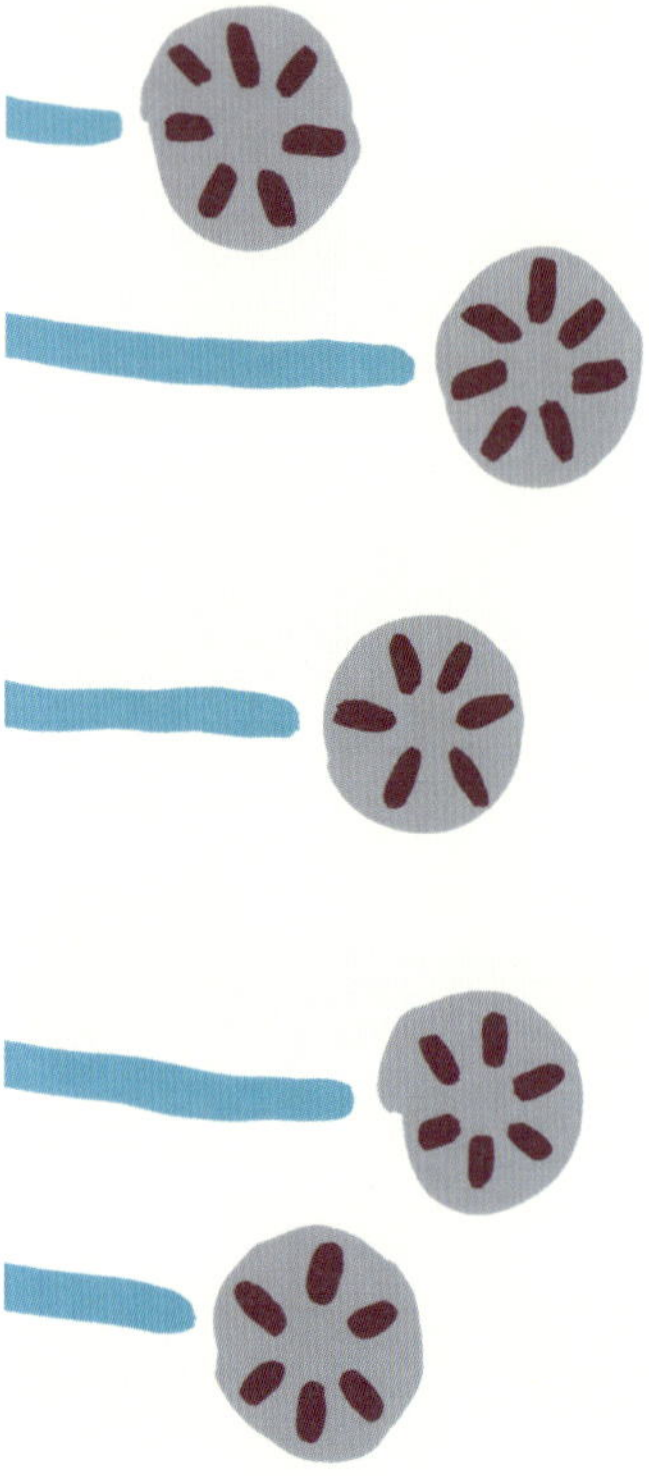

わたぼうし

WATABŌSHI　Dandelion parachutes

道端や草むらのどこでも見かけるわたぼうし。
たんぽぽが咲いた後、種を遠くへ飛ばすために、
ふわふわした球体をつくる。
ふーっと吹くとワーッと風にのって飛んでいく。
かわいい形だけれど、宇宙的ですらある。
こんなに美しく機能的なものを、とても人間はつくれない。

鯉のぼり

KOINOBORI　Carp streamer

晴れた青空に風をいっぱいに受けて、
ゆうゆうと泳ぐ鯉のぼり。
昔は男の子の出世を願って立てられたが、
現在では家族みんなの願いをこめて
何尾もあげることもあるようだ。
大空を泳ぎ回る姿は、自由自在で気持ちが解放される。

新緑

SHINRYOKU　Fresh greenery

初夏の木々の緑、その葉の新鮮な色が青空に映える。
吹く風が心地よく、寝転んで見上げると
葉が重なり合ってゆれている。
いつまでも見ていたくなるような美しい五月の新緑。

木陰

KOKAGE　Leafy shade

暑い日の午後
大きな木の陰に入ると
今までの暑さが、
うそのようで気持ちがいい。
木もれ陽が目にも心にもやさしい。

夏
SUMMER

朝顔
ASAGAO　Morning glories

朝、花を開き
夕方にはしぼんでいく朝顔。
ピンク、紫、青などが
鮮やかな白と出会いいのちの花を咲かせる。
暑い夏の朝に爽やかな一日を
プレゼントしてくれる。

立夏

RIKKA　First day of summer

春がようやく終わり野山に新緑が目立ち
風もさわやかになってきた。
少しずつだけれど夏の気配が
あちこちに感じられてくる。
お弁当を持って野や山へ遊びに行きたい季節。

葉陰

HAKAGE　Leafy shadow

風が吹いている。
緑がゆれている。
日が輝いて葉陰がゆらゆらゆれて
緑の色が濃く淡くうつろっていく。
ゆっくりと時が過ぎていく。

早苗

SANAE　Rice seedlings

雨が降りはじめる六月。
苗代で育ててきた稲の苗を田に移し、田植えをする。
水がはられた田に点々と植えられた早苗は清々しく初々しい。
たっぷりと水をたたえた水田の風景は、しっとりと美しい。
日本は瑞穂の国と言われるが、それはこの風景から来たもの。

SARA

SARA　Japanese stewartia

沙羅双樹の花は夏椿ともいわれ、
夏の暑いときには、真白く清潔な花をつける。
椿そっくりの形をしているけれど、
もう少し小さく清楚な感じがする。
暑い最中に沙羅の木の緑と白く涼やかな花を目にすると、
さわやかな高原の風が吹き抜けていくような心地がする。

通り雨

TŌRI AME　Afternoon showers

今日はいいお天気だなぁと出かけたが、
だんだん雲行きがあやしくなり、大粒の雨が降り出してきた。
あわてて軒先へとびこみ雨粒がはげしく落ちるのを見ている。
しばらくすると向うの空が明るくなり、
うそのようにやんでしまった。
そしてまた太陽が顔を出してきた。

水音《みなおと》

MINAOTO　Sounds of water

京の夏は暑い。さまざまな線で
水が流れる音を表してみた。
山の湧き水、川のせせらぎ…。
見る人によってイメージすることは
いろいろあると思うが、
少しでも涼を感じてもらえればうれしい。

天のしずく

TEN NO SHIZUKU　Heavenly drops

六月になると梅雨も近く雨の季節に入る。
しとしとと連日のように雨が降り続き、
気持ちも沈んでくる。でも見方を変えてみると、
グレイの空に透明なストライプや水玉が
降ってくる状景はとてもしゃれている。
そして雨が降らなければ、植物は育たないし、人は生きられない。

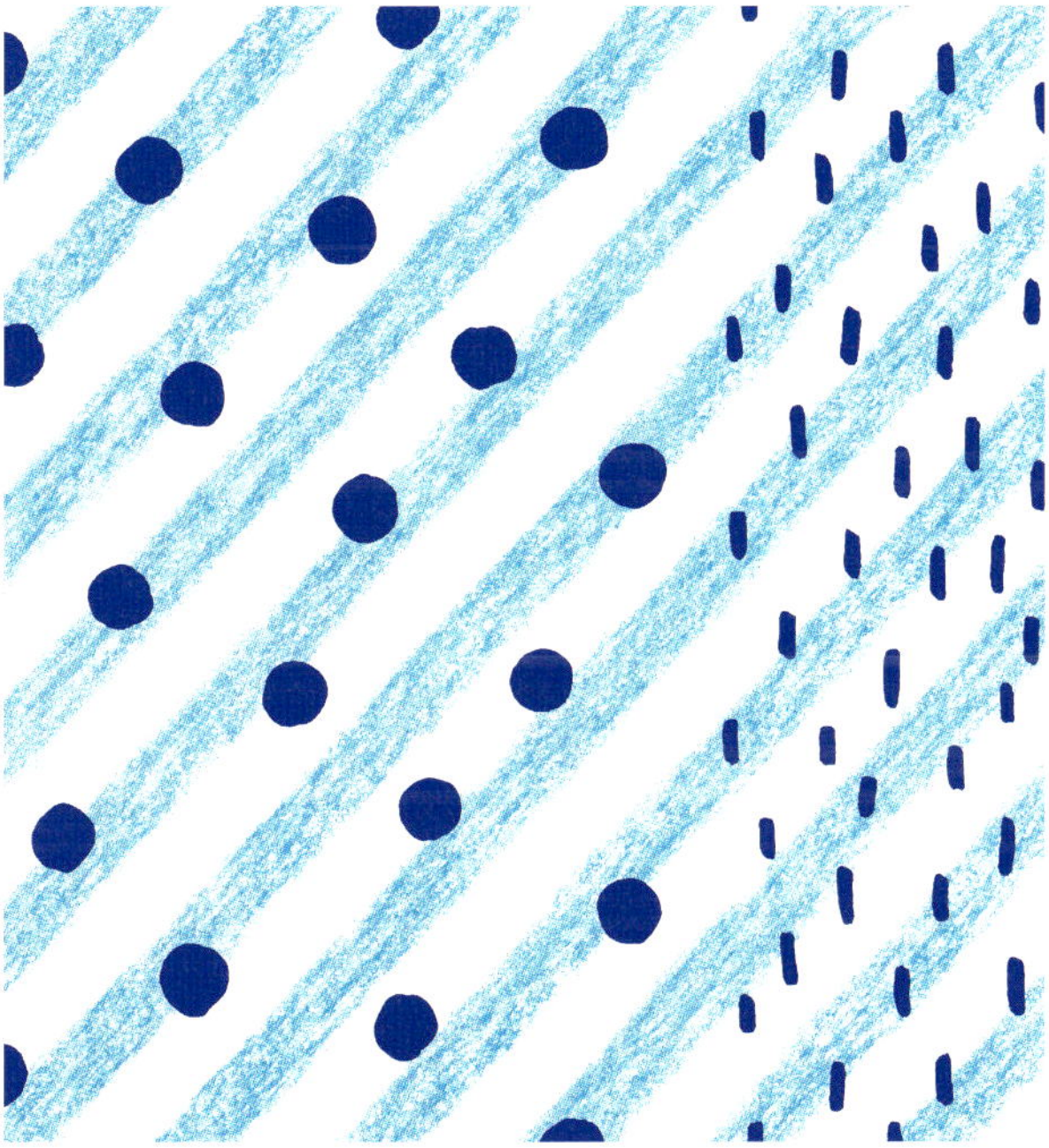

ぴちぴち ちゃぷちゃぷ

PICHI PICHI CHAPU CHAPU　Pitter patter

雨が地面に落ちて
水しぶきが輪をかいて広がっていく。
水たまりに雨がおちてぴちぴちとびはねる
水たまりでちゃぷちゃぷと子どもたちが遊んでいる。
ぴちぴち ちゃぷちゃぷ らんらんらん。

七《しち》変《ば》化《け》

SHICHIBAKE　Hydrangea rainbow masquerade

梅雨どき、花の少ない時期にしっとりとしかし鮮やかに咲き、
ともすれば沈みがちになる気持ちを
さわやかにしてくれる紫陽花。
ブルーから紫、ピンクまで微妙な色のバリエーションで
目を楽しませてくれる。そのため七変化とも呼ばれる。
しとしと降る雨とシンプルな紫陽花で六月の情緒を。

雨の精

AME NO SEI　Rain gems

明るい空から雨粒が落ちてくる。
光があふれた日なのに雨が降っている。
きらきら輝く雨粒が
花のように見えたり
星のように見えたりする。
雨の精が降りてきているのだろうか。

紫陽花

AJISAI Hydrangea

紫陽花の花の咲き始めは白く
次第に水色から淡青色に色づき
最後は深海を思わせる濃いブルーに。
梅雨の長雨に煙る庭に
さまざまな濃淡の青が鮮やかに
映えるさまは、心にしみる。

雨々ふれ々

AME AME FURE FURE Rain play

今日も又、雨が降っている。
雲がたれこめてうっとうしい。
せめて気持ちだけは明るくなるように
雨傘をさし、長靴をはいて元気に雨の中を歩こう。
雨々ふれふれ…。

SARAと縞

SARA TO SHIMA　Stewaritia and stripes

沙羅の木にはたくさんの細い枝が
上へに向かって伸びている。
その中に白い花が点々とついている。
その印象を花と縞の組み合わせで。

涼風

SUZUKAZE　Morning breeze

夏の花といえば朝顔。
毎朝、目にも鮮やかな花を咲かせて、
暑い一日のスタートを勇気づけてくれる。
すだれも夏の風物詩。
その二つを組み合わせた模様で
涼しい風を感じてもらえればと思う。

わた雲

WATAGUMO　Cotton candy clouds

梅雨があけて久しぶりの青空が顔を出した。
空にはふんわりとしたわた菓子のような雲が浮かんでいる。
雨が続いて滅入っていた気持ちも晴れて、
心がのんびりしてくる。ぼんやり見ていた雲が、
だんだんいろんなものに見えてきて、
花がポッカリと浮かんでいるように見えてくる。

朝の花

ASA NO HANA　Morning blooms

朝のさわやかな空気の中で開く花。
精一杯咲いて夕方にはしぼんでしまう。
次の朝、別のつぼみが花開く。
ひとつひとつの花の命は短いけれど
夏の間楽しませてくれる。
そして来年も又。

夏至

GESHI　Summer solstice

一年のうちで昼間が一番長い日。
でも一番暑い日ではなくて梅雨の季節。
暑くなってきているけれど雨が降ったり
雷が鳴ったり晴れたりしている。
本格的な夏を迎える前に
天が力をたくわえている時期ともいえる。

夏の朝

NATSU NO ASA　A summer's morn

夏の朝、パッと花を咲かせ
一日でしぼんでいく朝顔。
ぐんぐん伸びる蔓や
大きく開いた花は勢いがあって爽快。
まさに夏の花という感じがする。

朝顔すだれ

ASAGAO SUDARE　Morning glory and bamboo screen

朝顔は幼いとき、夏になると身近にいっぱい咲いていた。
よく知っているとそのイメージに
ひきずられてつまらなくなってしまう。
思い切って単純化し、
丸い朝顔を四角っぽくしてみると
かわいくなったと思う。

かき氷

KAKIGŌRI　Shaved ice

ギラギラ照りつける太陽。
風もなく暑い空気の中を汗だくになって
歩いているとかき氷の旗。
単純明快なデザインが
日本の夏をスカッとさせる。

線香花火

SENKŌ HANABI　Sparklers

暑い夏の日も暮れて夕闇が濃くなってくる。
風呂上がりに浴衣を着て庭に出る。
手に持った花火に火をつけるとパチパチと火花が
はじけてまわりを照らす。最後はいつも線香花火。
小さな火花がチカチカ燃えて静かに闇に消えていく。

大暑

TAISHO　Blistering heat

七月の下旬ごろの一年中で最も暑い季節。
かっと照りつける太陽のもと茎はぐんぐん伸び
花は咲き乱れる。
生命が豊かに充実するとき。

夏花火

NATSU HANABI　Summer fireworks

小さいころ、夏に海へ行ったこと、
スイカをおなかいっぱい食べたこと。
花火も楽しみだった。
ドーンという音とともに、大輪の花を咲かせるのを
我を忘れて見とれていた。
あの夏がなつかしく思い出される。

夏もよう

NATSU MOYÔ　Summer motif

せみの声、夏祭り、スイカ、浴衣、夕涼み。
暑い中に咲く桔梗の美しさ。
思い出の中の夏もようは
キラキラと輝いている。

大滝
ŌTAKI　Magnificent fall

天から降るように激しく水しぶきをあげて落ちてくる滝。
途中の岩で二つ、三つに分かれ、
弧を描いて水の柱が落ちてくる。
ドーッという絶え間ない水の音の中にいると、
とらわれていたことも吹き飛んで、
滝と一体となった爽快感に包まれる。

水辺
MIZUBE　Water's edge

葦《あし》の葉などが生い茂った川や湖は、
水が浄化されきれいな水質が保たれる。
そしてその風景は美しい。

高瀬

TAKASE　River reef

川の瀬の浅い所へ来ると、
底の石や砂が顔を出してサラサラと音を立てる。
四角と縞の模様だが
川が流れている情景が浮かんでくる。

たきつぼ

TAKITSUBO　Waterfall basin

はげしく水が落ちてくる。
それを受けとめ、水しぶきをあげて、白い渦をまく滝つぼ。
清冽な気が充ち充ちている。
神秘的で吸い込まれていきそうな中に立っていると
雑念が払われ、心が清められていく。

幼なじみ

OSANANAJIMI　Childhood friends

小さいころから一緒に遊んだり
喧嘩したりしていた幼なじみ。
思い出すだけでも甘酸っぱく照れくさく
とてもなつかしく心に残っている。
花からはいろいろな印象を感じるけれど、
この花は子どものころの幼なじみを思い出す。

おおらか　とりどり

ŌRAKA TORIDORI　Broad colorful serenity

小さいことにとらわれずゆったり
おおらかに咲いた花。
色とりどりに花開くそのさまは
みなで力を合わせているようで美しい。

おおらか

ŌRAKA　Broad serenity

伸びやかに筆を使ってたっぷりと描いた花。
小さなことにとらわれず、
ゆったりおおらかに生きたいもの。

花模様

HANAMOYOU　Flower motif

思い切ったシンプルで大胆な花を並べてみる。
それだけでもインパクトがあって面白いのだが、
そこに細かい模様を加えて微妙な変化を出してみた。

雫

SHOZUKU　Rhythmical drops

ポトポトポト、ピチャピチャ、ポツンポツン…。
いろんな音が聞こえてくる。
高い音、低い音、澄んだ音、力強い音
まるでオーケストラのようにリズムとメロディーが
大空の下に響きわたる。

花飾り

HANA KAZARI　Flower adornments

きれいな花を摘んでくる。
葉を組み合わせていって首飾りを作る。
赤や黄、ピンクやブルーの花がつらなった花の首飾り。
王女様になったような気分でしょうか。

わたぐも

WATAGUMO　Cottony clouds

暑い夏、熱気をはらんだ風が体を包み込む。
真っ青な空に浮かんだ白い雲が「元気に行こう！」と
呼びかけてくる。
よし、今日もがんばろう。

渓流

KEIRYU　Fresh stream

渓流にはかわいい魚がいっぱい泳いでいる。
こちらへ来るかと見ていると
ふっと向こうへ行ってしまう。
何匹か一緒のもの、一匹だけで動きまわっているもの。
懸命に生きているのだが
楽しく遊んでいるように見える。

雲

KUMO　Clouds and stripes

雲はSOU・SOUのテキスタイルデザインの
重要なモチーフのひとつになっている。
その雲をシンプルで若々しい感じにしようと
ストライプと組み合わせてポップに。

稲妻

INAZUMA　Lightening

おそろしい音が鳴りひびく。
ピカッと稲妻が走る。
真っ白な雷光が空を切り裂いて
地上に突きささる。
神社でお祓いをするための御幣は
稲妻をかたどったという説もあるようだ。

わきあがる

WAKIAGARU Bubble up

地上から天上へ向けてむくむくむくと涌き上がる。
夏のエネルギーに満ちた空気が
爆発を起こすように立ちのぼっていく。
生命力に満ちた力強い躍動が続いていく。
波のように竜のように花のように
姿を変え形を変えて広がっていく。

雲龍

UNRYŪ Dragon clouds

一天にわかにかきくもり、雲がわき雷鳴がとどろく。
ふりしきる雨の中、巨大な龍が姿をあらわす…。
はたしてこれは雲なのか、龍なのか?
雲と龍が一体となって天へ昇ろうとしているのか?
昔、人はこんな風に想像力をふくらませて
森羅万象を見ていたのだろうか…。

白蓮

BYAKUREN　White lotus

丸く大きな葉が重なり合って
波打つ中、真っすぐに伸びた
茎に真白な大輪の花を開く。
清らかで高貴な雰囲気が漂う真夏の花。

夕立

YŪDACHI　Evening shower

黒い雲が近づいてきたと思うと
あたりが暗くなってくる。
ひやりとした風が過ぎると大粒の雨が
ポタポタ落ちはじめ滝のような雨が降り続く。
一時間ぐらいするとからりと晴れて、
何事もなかったかのように蝉の声が聞こえる。
昔は毎日のように午後に夕立があった。
猛暑の夏もこんな夕立があると助かるのだけれど…。

ちぎれ雲

CHIGIRE GUMO　Fractus clouds

青い空に筆でさっさっと描いたような白い雲が並んでいる。
澄んだその空を見上げていると、
今自分が感じている悩みや考えていることが、
何とちっぽけなことかと思えてくる。
自然はいつも僕たちを解放してくれる。

花市松

HANA ICHIMATSU　Flower check

葉がしげった大きな木々が
花のように右に左にゆれている。
葉の形や色、大きさもぜんぶ違うのに
見事に調和してゆれている。

金魚すくい

KINGYO SUKUI　Goldfish catching

子どものころ楽しかった思い出のひとつにお祭りがある。
みこしが来るお旅所の広場に屋台がいっぱい並んで
おおぜいの人でにぎわっていた。輪投げ、スマートボール、
鼈甲《べっこう》飴、お好み焼きなど、わくわくするものがいっぱいあった。
金魚すくいは下手だったが、
お祭りにはなくてはならないものだった。

天の川

AMANOGAWA　Tanabata festival

昔、七夕のころよく聞いた。
織姫（織姫星）と彦星（牽牛星）は恋し合っていたが、
お互いの間に天の川があって会えなかった。
一年に一度、七夕の日だけ天の川に橋がかかって会うことが出来た。
でも雨が降ると、水かさが増して川を渡ることができず、
二人は会えなかった。

水面

MINAMO　Water's surface

太陽の光をいっぱいに浴びて
水面がキラキラ輝いている。
流れに沿ってきらめきながら流れていく。
反射している光の波も刻々変化している。
ふと我にかえると先程とはまったく違った
たたずまいを見せて水は流れている。

竹林

CHIKURIN　Bamboo thicket

まっすぐ伸びた青い竹。
笹の葉が風にゆれている。
さわやかな香り。
どこまでも伸びていこうとする生命力。
竹林に入ると気持ちが落ち着き
凛としてくる。

秋

AUTUMN

木の実

KONOMI　Nuts and leaves

森へ行こう。
どんな葉っぱに会えるだろう。
木の実やどんぐり、栗もあればいいな。
いろんなものに出会いながら
自分を探すために森に来ているのかもしれない。

寒露

KANRO　Early winter dew

晩夏から初秋にかけて野草に冷たい露がやどり
朝晩は肌寒く秋の深まりを感じ始める。
草木についた丸い露が朝日にきらきらと光って美しい。
これから冬を迎える前のさわやかで気持のいい日が続く。

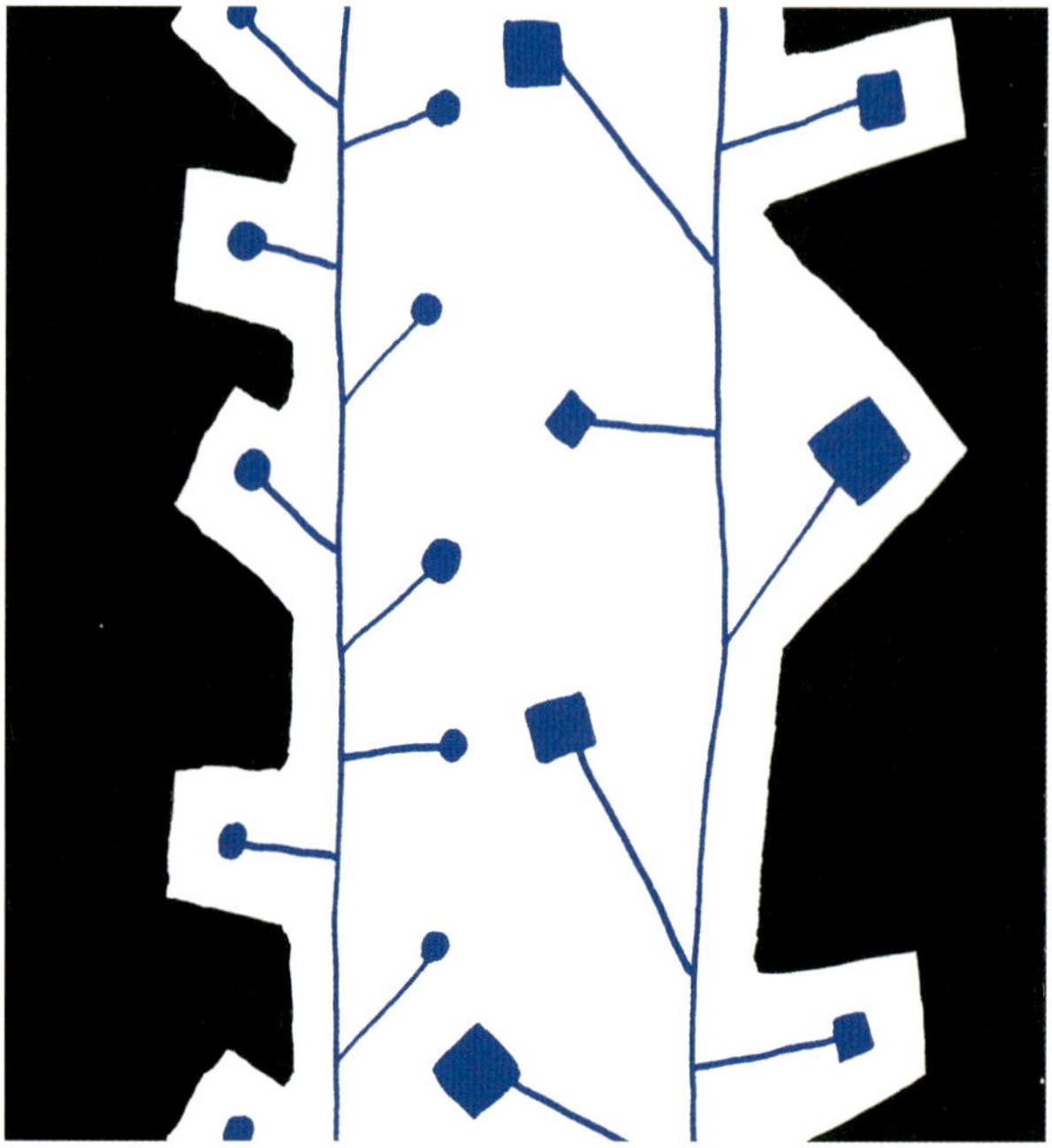

立秋

RISSHŪ　First day of autumn

暦の上では秋だが実際には
残暑が厳しく一年で一番暑い季節。
早く秋が来ないかなぁと思うころ。
しかし風のそよぎや雲の形に何とはなしに
秋の気配がただよいはじめるころでもある。

秋分

SHŪBUN　Autumn equinox

ようやく夏の暑さもおとろえてきて
朝夕はしのぎやすくなってくる。
空の色も秋らしく空気も澄んでくる。
台風も来るが、何より月が美しく仲秋の名月もこのころ。
一度ゆっくり月を見て下さい。
きれいですよ！

さえずり

SAEZURI　Post-rain twitter

雨あがりの午後窓をあけて深呼吸したくなる。
チッチッチッ　チュッチュッ
ピッピッピッ　ピーッ
ヒュル　ヒュルー
ホーッ　ホーッ
小鳥達が喜びの気持をいっぱいに表して鳴きかわしている。

実りの秋

MINORI NO AKI　Autumn harvest

りんご、みかん、ぶどう、かき。
収穫の秋。
豊かな実りに感謝。

どんぐりころころ

DONGURI KORO KORO　Acorn roll

どんぐりは丸くて、ころころしていて、
手に持っても気持ちいいし、見ていてもかわいい。
どんぐりが落ちていると、その上を見て、
どんな葉で、どんな形か見てみる。
そして自分が好きな感じだったら、
拾って帰って植えておく。冬を越して、
芽が出てきたときは、うれしいですよ。

紅葉がさね

MOMIJI GASANE　Maple leaf jigsaw

秋晴れの中、光り輝く山もみじ。
濃い赤から黄色まで彩り豊かに山を染め分ける。
散ったもみじは重なり合い響き合って
美しいハーモニーをかなでる。

赤い実

AKAI MI　Red berries

広葉樹の林に入っていくと
灌木《かんぼく》が一面に広がっていて赤い実が見える。
ラズベリーやリンガンベリーなどの
赤く小さな実が緑の中に点々となっている。
摘んで帰ってジャムを作ろうと張り切ってしまう。

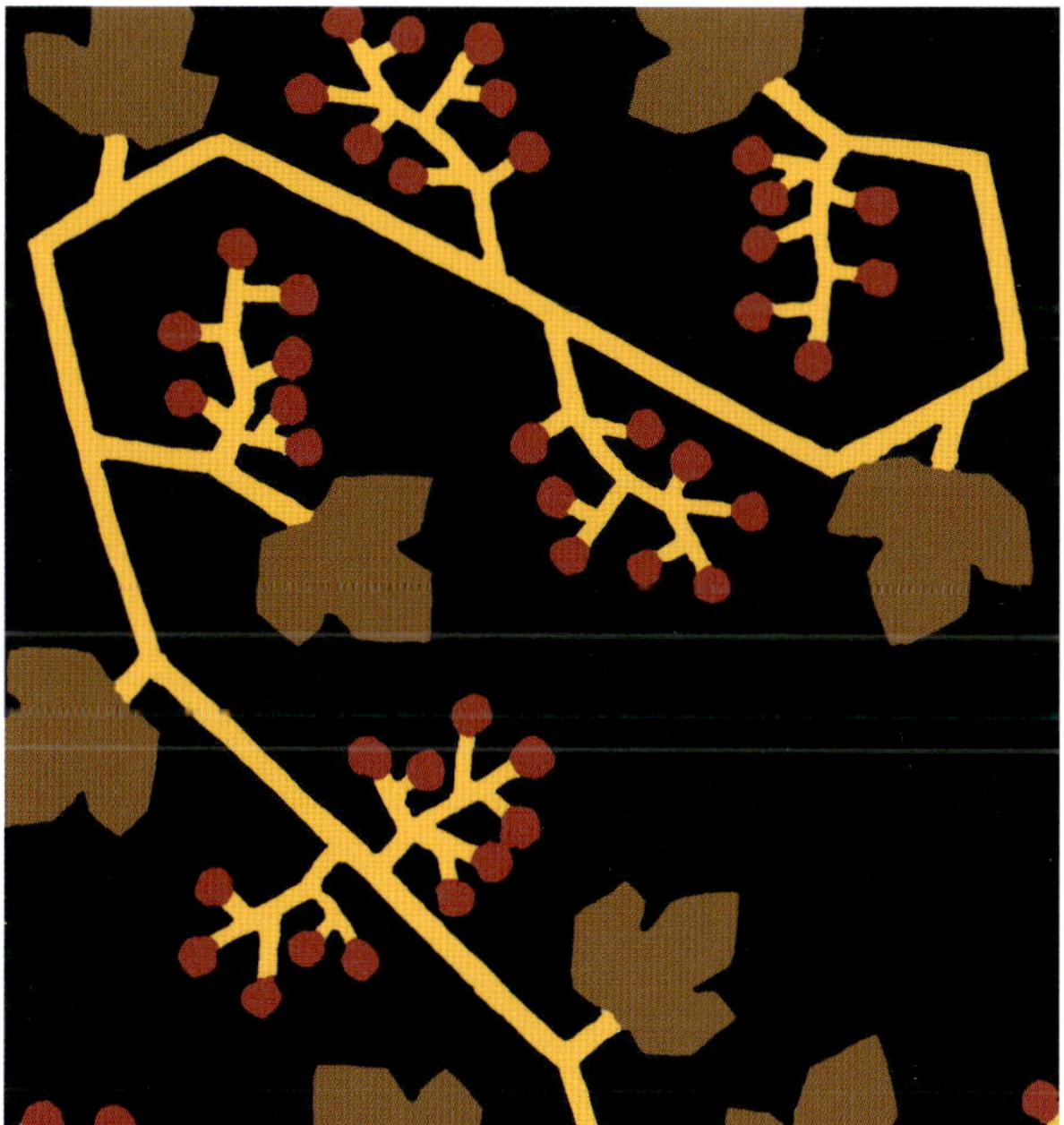

秋模様
AKIMOYOU　Autumn motif

秋の日差しに映えて真っ赤に色づいた紅葉。
その下にある草や木、水の流れさえも朱に染まって見える。
散る前の最後のときを謳歌するように、赤く赤く輝いている。

竜田川
TATSUTAGAWA　Nara autumn foliage

昔から和歌に詠まれる紅葉の名所。
流水に紅葉の葉を散らした模様の名でもある。
いにしえの情緒を残しながら
ポップにすることに苦労した。

紅葉狩り

MOMIJI GARI　Leaf peeping

晩秋の陽をあびて光り輝く無数の赤い葉の
連なりを見ていると、心が高揚してくる。
やがて来る冬を前にして、最後の力を振りしぼって
燃焼する生命の力に圧倒される。あそこのお寺の紅葉は
もう始まっただろうか、今どれくらい赤くなっているだろうかと、
気になって落ち着かなくなる。

大和錦

YAMATO NISHIKI　Golden autumn

秋が深まって霜や時雨のたびに一段と赤さを増していく
紅葉の中をひとすじの川が流れる。
凋落した真っ赤なもみじ葉が水の流れに身を任せていく。
王朝絵巻を思い起こさせる雅な錦の世界が広がっていく。

大和撫子

YAMATO NADESHIKO　Feminine beauty

撫子の花は小さく派手さはなく、秋の野が似合う。
秋の七草のひとつであり、その清楚な美しさから
日本女性を表す言葉として知られている。
撫子の花のように、けなげでつつましやかな
美しさを育んでいってほしい。

初雁

HATSUKARI　Early goose migration

秋、北方から飛来してくる雁。
三角形の隊列を組んで悠然と大空を渡ってくる。
昔の人はよく空を見上げ月を愛で、
初雁の飛来をゆっくりとながめていた。
いつごろからそういうことを忘れてしまったのだろうか？
桂離宮の欄間の月の字に雁の組み合わせ。

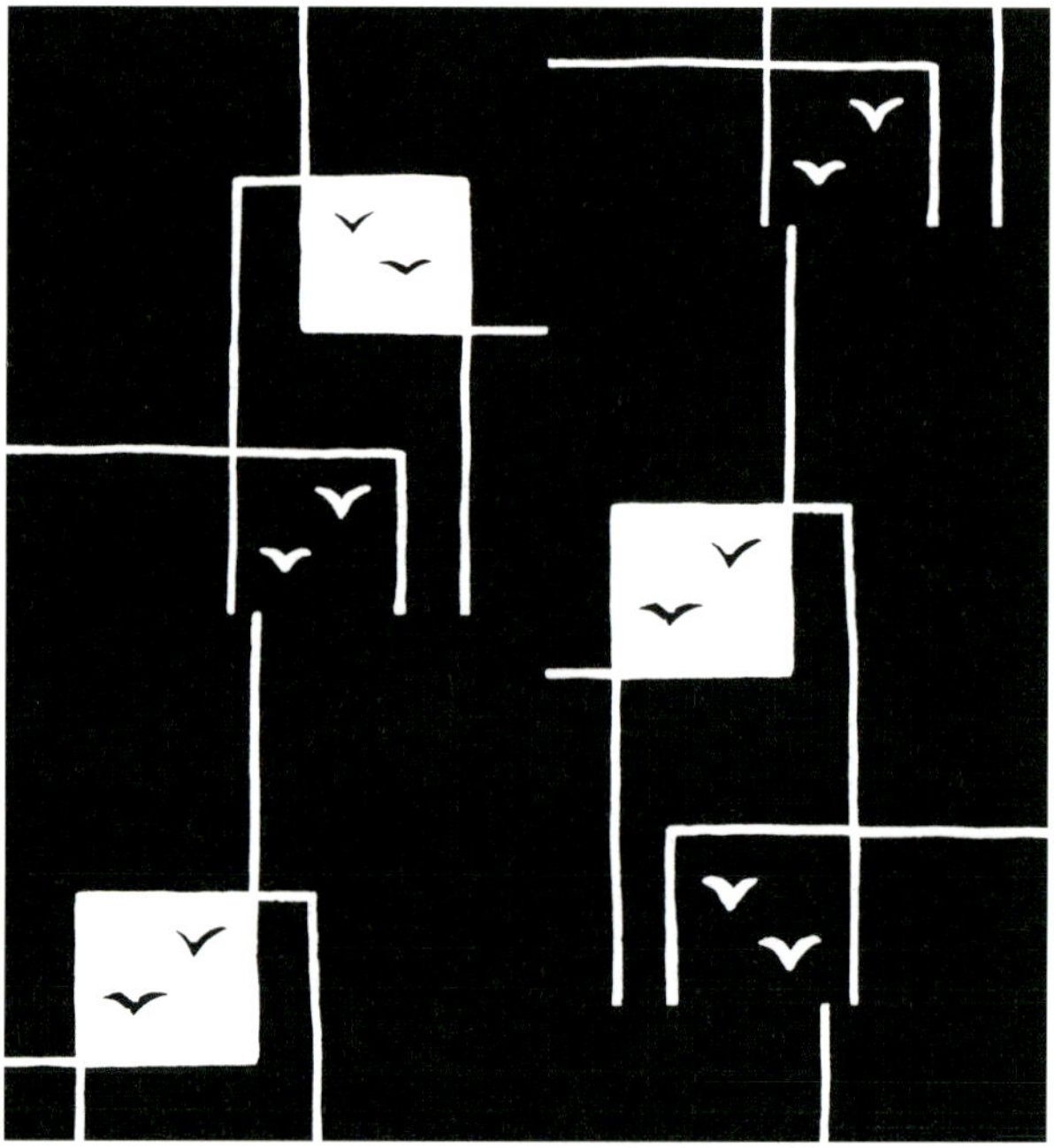

白菊

SHIRAGIKU　White chrysanthemum

散歩している雑草の中に点々と小さい白い菊が並んでいる。
ひっそりと、しかし一心に上を向いて
咲いているそのことが、とても美しいと思う。

ひょうたん

HYŌTAN　Gourds

瓜の中の実を出してしまって乾燥させると
ひょうたんが出来る。軽いし水やお酒を入れて栓をして
ペットボトルのように持ち歩いた。
物のない時代、人はいろんなものを
自然の中から作り出していた。今は何でもあるので
工夫して作り出す喜びを失ってしまった。

野菊

NOGIKU Wild chrysanthemums

野菊には派手さはないが素朴で楚楚《そそ》とした美しさがある。
野原の風景に溶けこみながら、
日の光や土のにおいとともにしっかりと根付いている。

長閑《のどか》

NODOKA Tranquility

真白な大輪の菊は、たっぷりしていて、
見るものの気持ちも大らかになってくる。
植物は物言わないけれど、人間がつまらないことで
悩んでいることから救ってくれる。
のびのびと長閑な一日を送ろう。

けんらん

KENRAN　Dazzling

花びらの一枚一枚がびっしりと
空間をうめつくし絢爛豪華に咲き乱れる花。
イメージの中の花は
現実の世界のものよりいっそう輝いて華を競う。
僕の心の中にはこんな濃密な世界がある。

天竺牡丹

TENJIKUBOTAN　Dahlia

ピンク、赤、紅、紫、黄、オレンジなどの色が鮮やか。
つやのある花弁が競うように重なり合って輝やいている。
天竺牡丹《ダリア》は西洋的でもあり東洋的でもあり
エキゾチックで情熱的な魅力をたたえている。

秋

AKI　Autumn

この季節は木が、山が、衣更えしたかのごとく
装いを変え人々を魅了する。
黄や赤に紅葉した中に緑の木々が
交じり合って絢爛豪華な錦織を見るよう。

草花

KUSABANA　Flowering fields

野に出るといろんな花や緑が迎えてくれる。
小さな花が多いが形や色は微妙に違い
ひとつとして同じものがない。
太陽や水の恵みをいっぱいうけて
それぞれが輝いて生きている。

ほがらか

HOGARAKA　Gleeful

ほがらかという言葉は
あまり聞かなくなっている。
ほがらかな人は明るく
暖かく親しみの持てる人。
その人といると楽しくなるような人。
ほがらかに生きたいですね。

運動会

UNDŌKAI　Sports day

気持ちをワクワクさせる勇壮なマーチが
聞こえてくる。空は秋晴れで雲ひとつない。
ピストルの音が響き、歓声がこだまする。
子どもの元気な姿が、赤や白の帽子とともに
目に飛び込んでくる。かけっこがはじまる。
玉入れが、騎馬戦が、組立体操が、
いろんな競技が、次から次へと繰り広げられる。

月夜
TSUKIYO　Moonlit night

夜は暗いと思っているが
月夜は予想以上に明るい。
特に秋の満月の夜は煌々《こうこう》と輝いている。
浜辺へ出てみれば波は月光をあびて
きらきらとはね
雲は夜空をかけめぐっている。
壮大な大自然の舞台を月夜は見せてくれる。

雲間がくれ
KUMOMA GAKURE　Between the clouds

飛行機の窓から見える外は雲がかかっている。
窓に顔を近づけてのぞきこむと
雲の間から下の風景が垣間見える。
山や川がある。森や畑も見える。
人の営みや自然の風景が
移り変わっていくのを見るのは楽しい。

月影
TSUKIKAGE　Moonbeam

昔、人は毎夜の月を
楽しみにしていたと思う。
煌々と輝いている夜、雲がかかって
見えかくれする夜、おぼろ月夜。
今夜はどんな月を見られるのかとワクワク
していたのではないか。月影の道を一人で
歩くのは、風流なことだったろう。

七五三
SHICHIGOSAN　Shichi-go-san children's festival

子どもの無事な成長を願い
三・五・七才の十一月十五日に
神社に参拝する。
長寿を祈り千歳飴をいただく。
この千歳飴の袋の絵が
とても印象的。

土笛

TSUCHIBUE　Clay flute

シンプルな鳥の形で土笛を作って吹いてみる。
素朴なピーポーという音がする。
少し調子はずれだが、メロディーもかなでられる。
飾っておいてもかわいいし、模様にしても素敵。

森のおはなし

MORI NO OHANASHI　Forest story

森の中に入るといろんな音が聞こえてくる。
小鳥がさえずり、大きな鳥もひと声鳴いてバタバタと飛んでいく。
足元では落葉がカサカサカサ。
風が吹くとザワザワと木々がゆれる。
お日さまが出ると、こもれびがきらきらと輝き、あいさつし合っている。
森の中ではいろんなお話が聞えてくる。

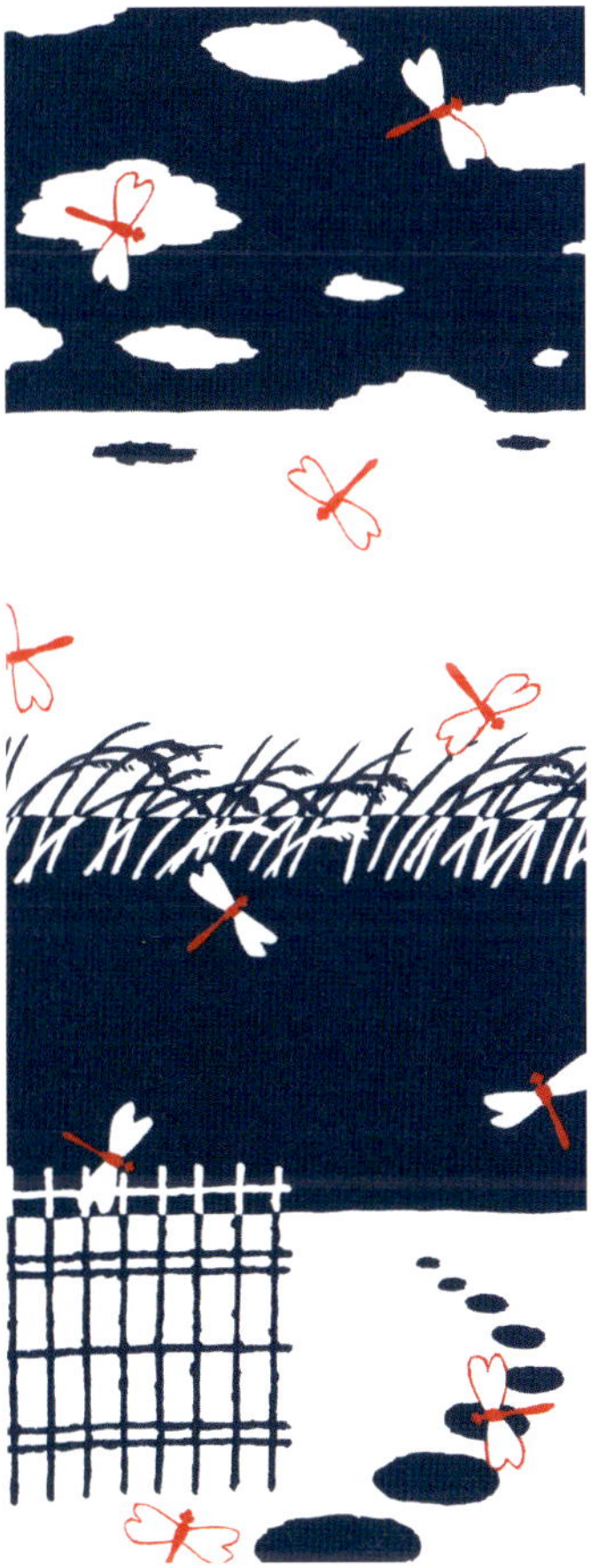

赤とんぼ

AKATONBO　Red dragonfly

暑さも少しおさまって秋風が吹き始めるころ、
思いがけず赤とんぼを目にすることがある。
なつかしいなぁ！　遊びまわっていたころの
ゆったりとした時間がよみがえってくる。
あのころに戻りたいとは思わないけれど、
二度と戻ってこない時は切なくいとおしい。

武蔵野

MUSASHINO　Pampas grass in Tokyo suburb

昔、武蔵野は芒《すすき》の穂で覆われていたのだろうか？
秋風が吹き始めると芒の穂が姿を見せる。
風に大きく揺れ横倒しになりながら、
たおやかに生きている。「そうそう」と相づちを
打ち右に振れ左に振れながら、自分の考えを
確かめ確かめ歩んでいく日本人と重なってくる。

清流

SEIRYŪ　Fresh stream

澄んだ清らかな水の流れを見ると
人はホッとし癒される。
じっと坐って絶えまなく流れる水音に耳を澄ませ
そのうねりに身を任せていると心が休まってくる。
そんな時間をもっと持ちたいですね。

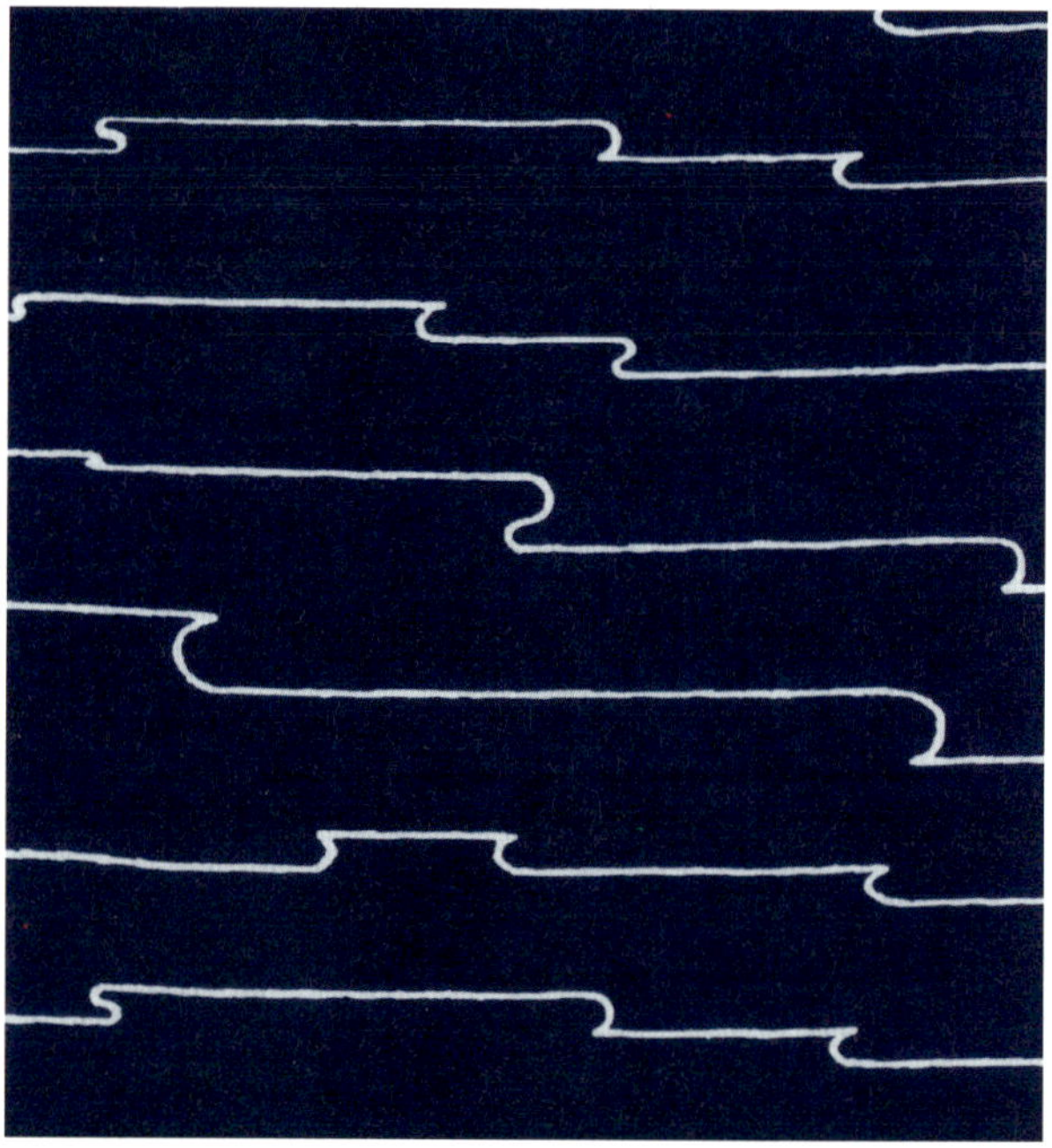

山茶花

SAZANKA　Camellia sasanqua

寒くなってきたなぁと思うころ山茶花は咲き始める。
垣根などで見かけるが注目されることの少ない花だ。
それだけ日本の暮らしに溶けこんでいるのだろう。
近づいてよく見るとたたずまいのいい花だと思う。

秋深し

AKI FUKASHI　Autumn leaf kaleidoscope

冷たい木枯らしが吹くとサーッと枯葉が落ちてくる。
いろんな形の葉っぱが地面に秋の模様を描いていく。
毎年くりかえされる風景だが
一年がもうすぐ終わるんだという想いが深くなる。

煌き

KIRAMEKI　Glimmer

長い一日も暮れようとして夕陽が海へ沈んでいく。
海はオレンジ色にきらきらと光り輝いている。
じっと見つめていると、心の中にいろんな想いが浮かんでくる。
どれくらいたったのだろうか、海はその煌きをなくしつつあり、
夕闇が静かに迫ってきている。
どこか遠くいところへ行ってきたような一日だった。

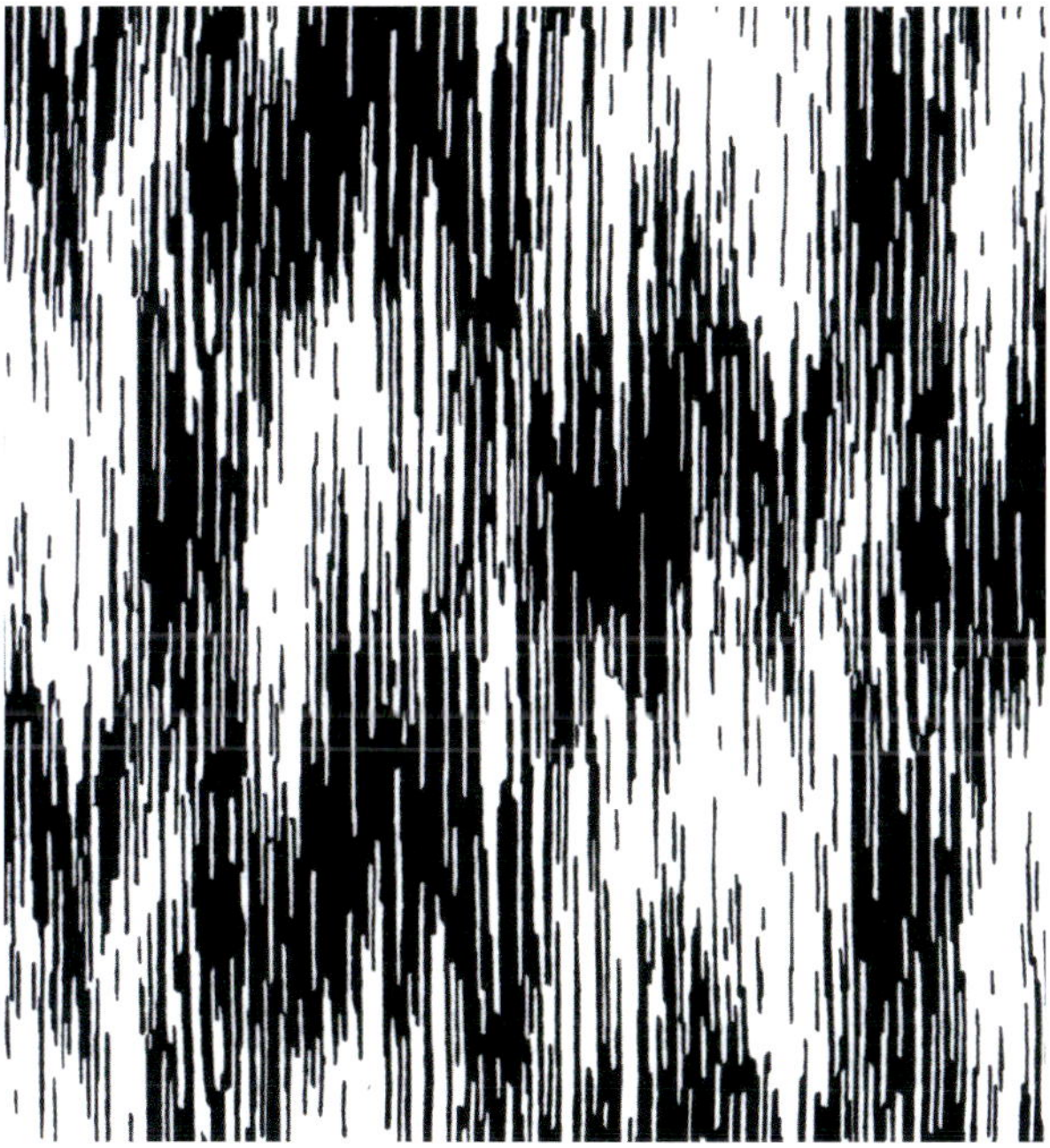

冬 WINTER

氷梅
KŌRI UME　Plum blossoms in ice

寒い冬のさなかに春が近いことを
感じさせてくれる梅の花。
その梅と氷を表した
氷梅という模様がある。
匂いあふれる梅の花と、
凍りついて亀裂が走った氷という
思いがけない組み合わせを
模様にしてしまった。
昔の人はすごいと思う。

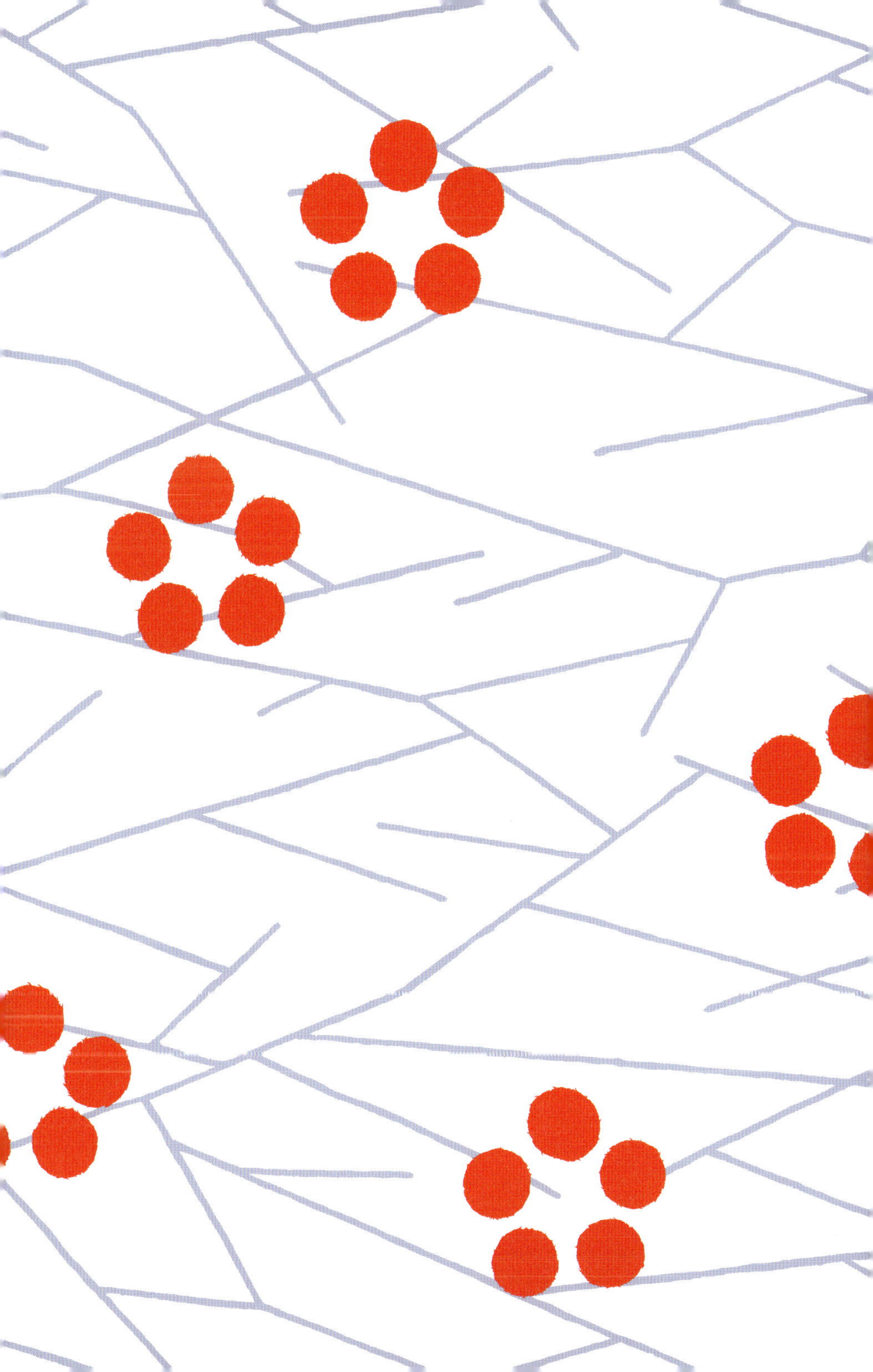

立冬

RITTŌ　First day of winter

冬の気配がただよい始めるこの季節。
お茶の世界では炉開きが行われる。
春から秋にかけて使われていた風炉にかわり、
炉を開き釜をたく。炉が切られた茶室は、
壁の侘助とともに緊張感のある美しさにみちている。
これから冬に向かう立冬のころ。

師走にぎわい

SHIWASU NIGIWAI　December bustle

十二月に入ると何となく
気ぜわしくなってくる。
何といっても一年のしめくくりである。
いろんな気持ちを内にかかえながら
人々はあわただしく行き来する。
街も人々の気持を映して
落ち着かない日が続く。

南天

NANTEN Nandina

冬の花の少ないときに真赤な丸い実をつけ華やかでかわいい。
雪がつもった中に緑の葉と赤い実が
のぞいている情景は、ほほえましいものだ。
おめでたいものとして正月を祝う植物としても用いられる。

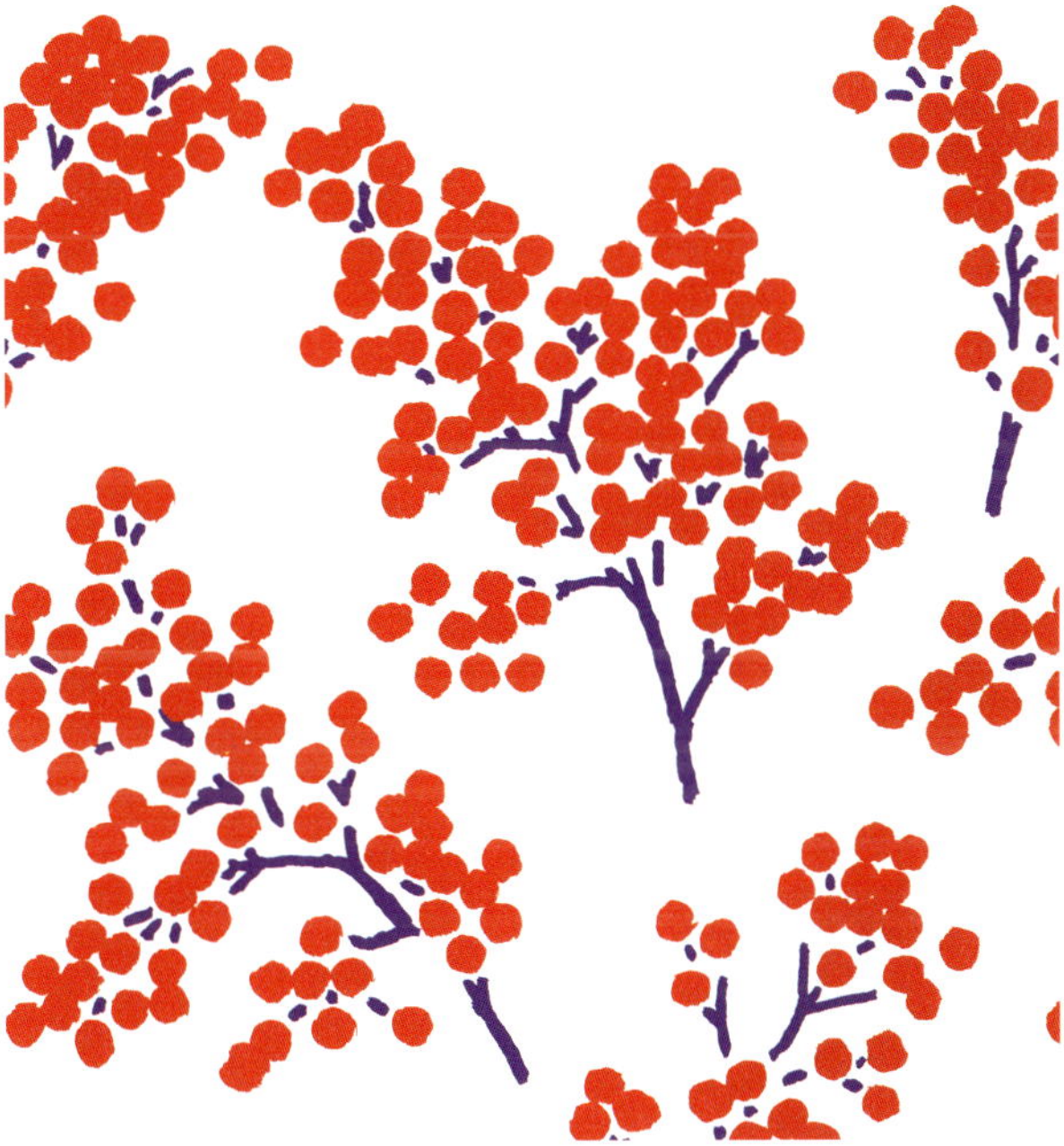

言祝ぎ

KOTOHOGI Well-wishes

おめでたいお正月のお祝いに欠かせない松竹梅だが
何となく古めかしい感じもする。
思い切って抽象的にストライプと水玉で
松竹梅を表現し、言祝ぎたい。

餅花

MOCHIBANA　Rice cake flowers

正月に柳などの木の枝に
小さい餅をくっつけて
一年の五穀豊穣を祈って飾られた。
青い柳に赤と白の水玉状の餅が点々と並び、
軒先から垂れ下がるのを見ると、
お正月が来たのだと、
おめでたい気持ちになってくる。

もういくつ寝ると

MÔ IKUTSU NERUTO　New Year's Day yet?

一年ももうすぐ終り。
あっという間だった気がする。
今年は自分にとってどんな年だったろう。
あと何日かでお正月。いろんなことを片づけて
心新たに、お正月を迎えたいと思う。

大寒
DAIKAN　Big chill

二十四節気のひとつ、大寒。
二十四節気とは、中国で用いられていた
暦で一年を二十四の季節に分けたもの。
旧暦でもあるので今の気候とは少しずれがある。
しかしある時代まで、日本の農作業の時期を
知る大切な基準であり、
季節の目安とされてきた。

南天竹
NANTENCHIKU　Nandina bamboo

難を転じるということから縁起のいい木とされ
鬼門などに植えられてきた。
注意してみると、なるほど家の角に
植えられていることが多い。
南天は日本人の暮らしに
深く根付いてきたものなのだと思う。

雪花

YUKIHANA　Snowflakes

ひらひらと舞い降りてくる雪は
白く淡く一瞬にして消えていく。
そのひとつひとつの雪は
花のように美しい結晶で出来ている。

ぼたん雪

BOTANYUKI　Large flakes of snow

暗い夜空から舞い落ちてくる雪。
四季の美しい風物として
雪は月と花とともにたたえられてきた。

雪

YUKI　Snow

ひとつひとつの雪片は信じられないような
きれいな結晶から出来ていて、
それが空から舞い降りてくる。
その雪の白さが夜の闇の深さを感じさせ、
身も心も吸い込まれていきそうな
幻想的な世界へいざなっていく。

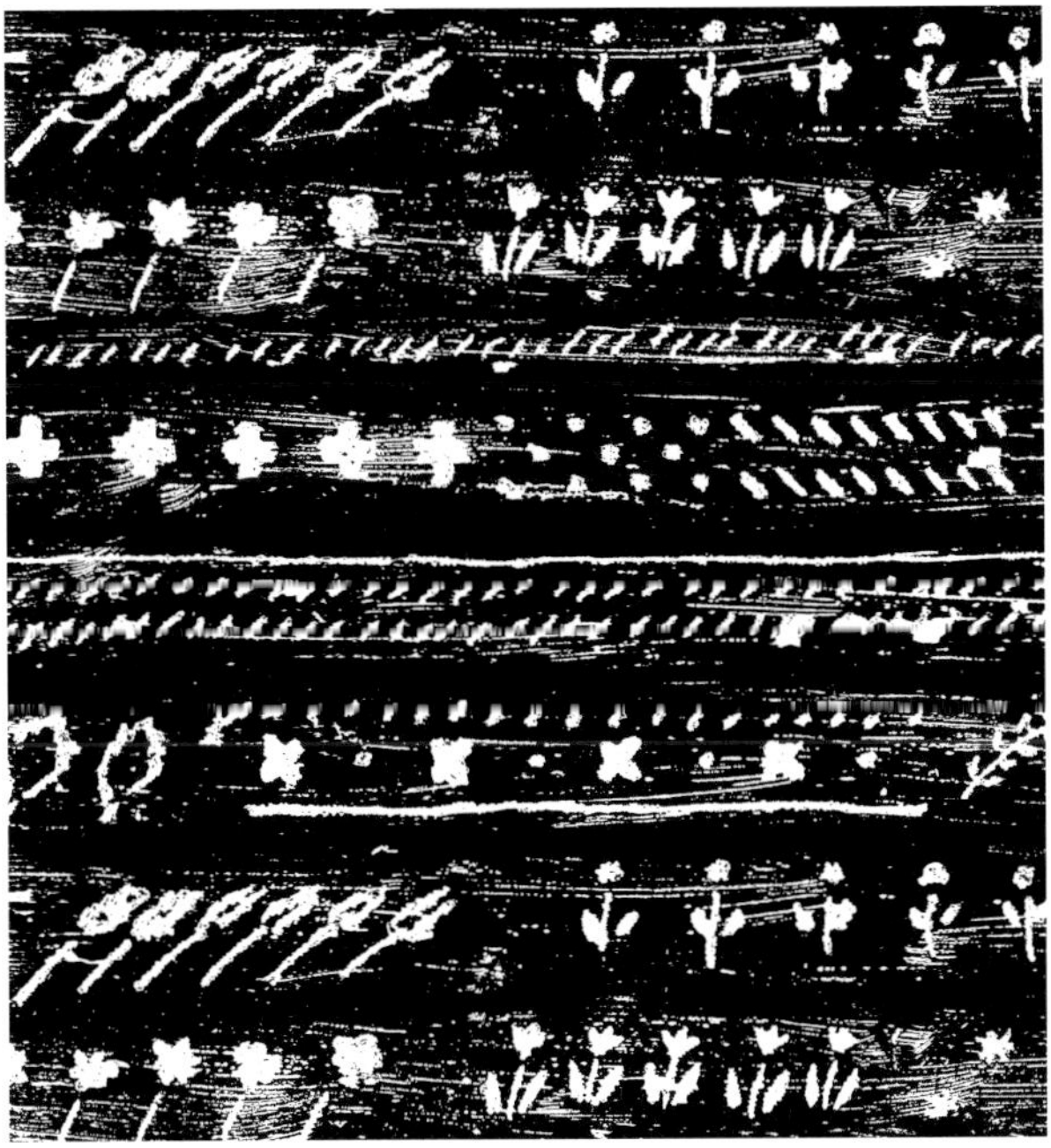

きざし

KIZASHI　Signs of spring

まだ冬の寒い日、野も山も凍りついている。
こんなときにふきのとうは芽を出す。
ふきのとうだけではなく、よく見ると凍てついた大地の
そこかしこに芽を出そうとする植物が動き出している。
冬来たりなば春遠からじ。
春のきざしが顔をのぞかせはじめている。

源《げん》

GEN　Water source

山に分けいって道なき道を奥へ奥へと進んでいく。
もうあきらめようかと思ったころ
遠くでかすかな音が聞こえてきた。
近づくにつれて水の流れが見えてくる。
岩の間から清らかな水がこんこんと湧き出ている。
これがあの大きな川の源なのか。

せせらぎ

SESERAGI　Comforting trickle

散歩している道沿いに小川が流れている。
そのせせらぎの音が心地よい。
流れの急なところにさしかかると一気に水音が
高くなり、そしてまた静かなせせらぎに戻る。
毎日同じようだけれど、
いつも気持ちのいい刺激を与えてくれる。

大根かぶら

DAIKON KABURA　Winter root vegetables

大根は一年中あるが、おいしいのは冬。
寒い日のおでんの大根は何とも言えない。
かぶらむしも体が暖まる冬の醍醐味のひとつ。
京漬物の代表千枚漬は聖護院かぶら。
こう考えると冬の食に大根とかぶらは欠かせない。

九条ねぎ

KUJYO NEGI　Green onions

ねぎは、そばやうどん、ラーメンなどの
麺類には欠かせないし、
すき焼では主要な具のひとつだ。
九条ねぎは青い部分が多くやわらかくて風味がいい。
昔、東寺の近くの九条界隈で
栽培されていたのでその名がある。

時雨

SHIGURE　Light rainfall

古来より自然とともに歩んできた日本人は
気象にまつわる言葉をたくさん編み出してきた。
雨もそのひとつで季節や時刻、
降り方などによって微妙に使い分けている。
時雨は晩秋から初冬にかけてしとしとと
降ったりやんだりする雨。
日本人のこまやかな感受性を感じる。

ひかり

HIKARI　Light

朝のすがすがしい空気の中、玉砂利をふみしめ
杉の大木が立ち並ぶ道を歩む。
まばゆい光が木々の間に差し込んでくる。
いく筋もの光がきらきら輝き、すべてのものを
浄化していく。おごそかで気高く神々しい。

シクラメン

CYCLAMEN　Cyclamen

シクラメンは、花茎が初め丸まった状態で
発生することから「サイクル」(cycle)を語源に持つそうです。
サイクリングをブランドコンセプトにした
le coq sportif×SOU・SOU のベースとなるテキスタイルデザイン。

ひなたぼっこ

HINATABOKKO　Afternoon nap in the sun

冬の晴れた日差しの暖かい日に
縁側やベランダに出てぼんやりと
陽にあたっているのは実に気持ちがいい。
人生にはいろいろなしあわせを感じる瞬間がある。
ひなたぼっこは欲とか得とかをはなれた
とてもしあわせな時間だと思う。

ゆきはな

YUKIHANA　Snowflowers

淡くすぐに消えてしまいそうな雪の花。
遠く幼い日に見た夢の中の花。
空想の世界の花は清く美しい。

しんしん

SHIN SHIN　Thick and silent snowfall

しんしんと雪が降る。
音もなく降る雪はすべてを吸収して
奥深い自然の中にいるような気持ちになる。
雪が降る日は冷えこんでくる。
身が引きしまるような寒さを
日本人は厳粛で神聖なものとして感じてきた。

薄氷《うすらひ》

USURABI　Thin ice

少し冷えているなぁと思う朝。
散歩していると池の水が鈍く光っている。
近づいてみると薄く氷が張っている。
縦横に亀裂が入っていて陽が昇ってくれば
全部溶けてしまうだろう。
いよいよ冬が来たのだと思い切って伸びをする。

雪解け水

YUKIDOKEMIZU　Melting snow

少しずつ陽ざしに暖かさが加わってくるころ
どこからともなく水が流れ出る音が聞こえてくる。
雪が少しずつ溶け出し地中へしみこんで
それがあふれ出し小さな流れをつくる。
明るく小さな音とともに
透明な水が潤いをもたらしてくれる。

川明り

KAWA AKARI　Bright river

日が暮れて辺りが暗くなったころ
川の水面だけにほのかな明るさがただよっている。
暮らしの中の小さなことだけれど
それを見つけたことが心を暖かくしてくれる。

満天の星

MANTEN NO HOSHI　Stadium of stars

ニューヨークに住んでいたころ
郊外の山の中の友人宅を訪ねた。
夜になって帰ろうと外へ出ると耳をおおうような
虫の鳴き声と星がいっぱい輝いていて、空が落ちて
くるのではないかと思った。あんな星空はあの夜
見たきりだが、ああいうのを満天の星というのだろう。

冬の朝

FUYU NO ASA　A winter's morn

朝目覚めると、いつもと違う静かな気配がただよっている。
起き上がって障子をあけると雪が音もなく降っている。
たえまなく舞い落ちる雪が
空も家もすべてを白くふんわりと包みこんでいく。

清流に梅

SEIRYU NI UME　Blossoms and stream

澄んだ水がいく筋も
流れ下っていく。
風は冷たいが、川のそばの
梅は真白い花を咲かせている。
見ていると心が澄み切って気持ちがいい。

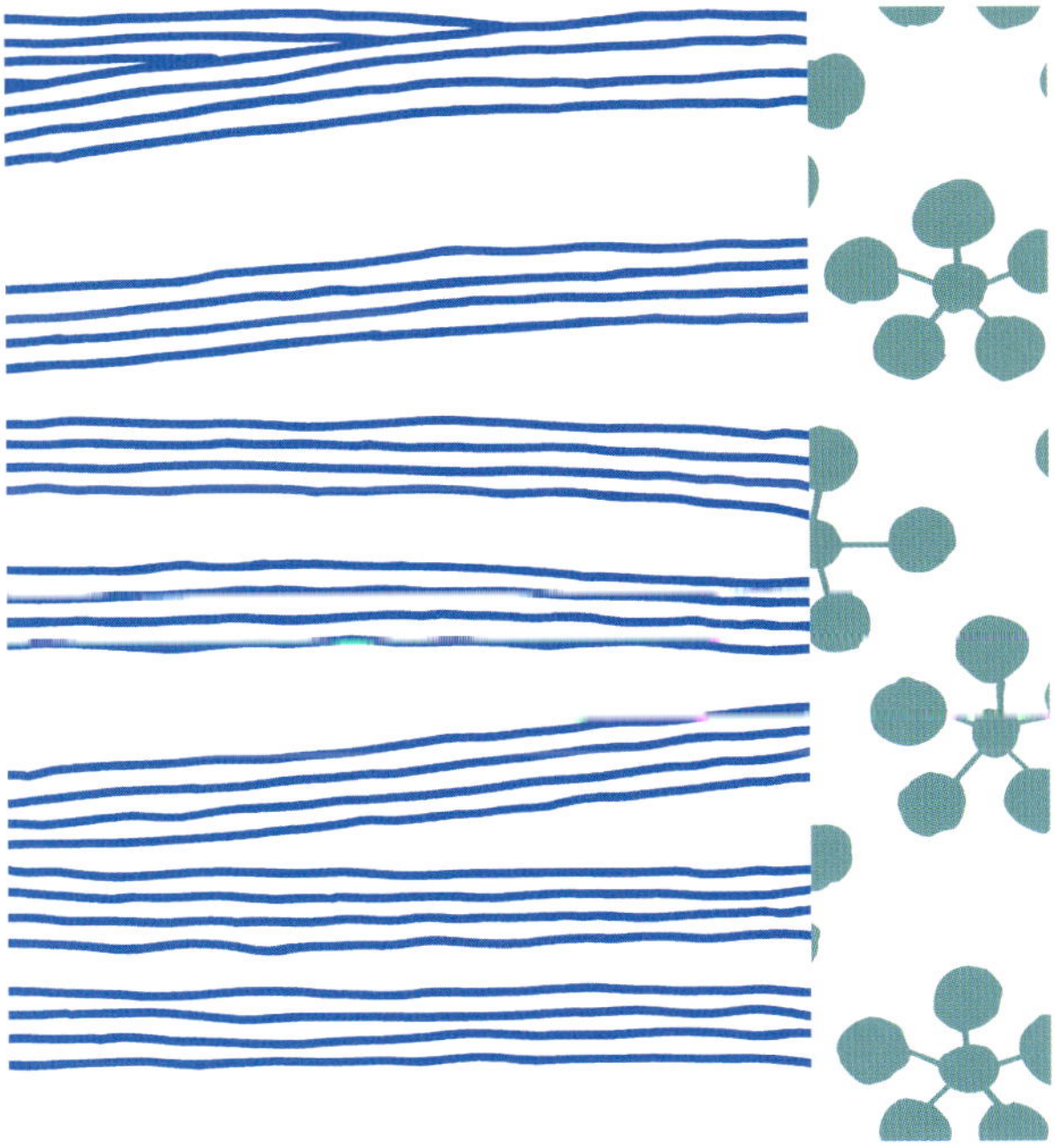

梅

UME　Plum blossoms

シンプルに表現した梅。
早春いろんな花にさきがけて咲く。
昔、梅は桜以上に人気がある花だったようだ。

福梅

FUKU UME　Plum blossom happiness

梅という花は丸々としていてとてもかわいい。
その愛らしい白い梅の花の中に梅の木を描き、背景には縞模様。
どこかおめでたい感じがしたので、福梅と名付けた。

節分

SETSUBUN　Bean scattering

節分には「鬼は外、福は内」という掛け声とともに、
枡に入れた豆をまく。
鬼に豆をぶつけることで邪気を払い、一年の無病息災を願う。
一年で一番寒いこの時期に声を張り上げて豆をまくと、
縮こまっていた体も伸びて、
心も体も元気が出てくる気がする。

梅林

BAIRIN　Plum grove

寒気の中、一番に咲く梅の花は
気品があり、清らかな香りを放つことから
古来人々に愛されてきた。
早春の梅林を歩けば、心は清らかに澄んで
至福の思いに満たされる。

寒紅梅
KANKŌBAI　Winter plum blossoms

空気全体が凍りつくような大寒のころ。
寒いけれど心も体もピーンと張って爽快!!
雪が降ることも多いこの時期に、固い蕾を破って
花開く寒紅梅。きびしい寒さに負けずふくらんでくる梅に
来る春を予感し心がおどる。

花椿
HANATSUBAKI　Camellia flowers

濃い緑の葉の中に鮮やかな赤い花が映える椿。
桜や山吹のように花びらだけを散らせることはなく
花全体が音を立てて地に落ちる。
その音がかえってまわりの静けさを際立たせてくる。
一面の苔の上に赤や白の椿が落ちている状景は
華やかで幽玄。情念の世界を垣間見せてくれる。

紅梅白梅

KÔBAI HAKUBAI　Heavenly plum blossoms

天に向かって枝がまっすぐ伸びていて、
清々しい。
その枝に紅や白の、花や蕾が
歯切れよく並んでいる。
梅は冬の寒さの中で咲き、
凛として美しい。

寒椿

KANTSUBAKI　Winter camellia

冬から春にかけて
赤や白の端正なたたずまいの椿が
次々と咲いていく。
大輪の華やかなものから
侘助のように渋いものまで
寒さの中で目を楽しませてくれる。

伝統文化

京都で暮らしていると　毎月のように
どこかで大きなお祭が行われている。
家のまわりを散歩するだけで
歴史の一頁に触れることができる。

古来から愛されてきた　桜や菊、
寺院や庭園、能や歌舞伎、お茶やお華、

日本人の心のなかに受け継がれている
伝統文化を　現代の京都に生きる
ぼくの目から　もう一度見つめ直すことで
今を生きるテキスタイルデザインを
作ればと思う。

家紋

KAMON　Family crest

日本の家紋はセンスがいいし、
かっこいいと思う。
これ以上出来ないというところまで
モチーフを凝縮し単純化している。
その中に美しさ、力強さ、
しゃれっ気、遊び心などが息づいている。
ひとつひとつの家紋が個性的で誇り高い。

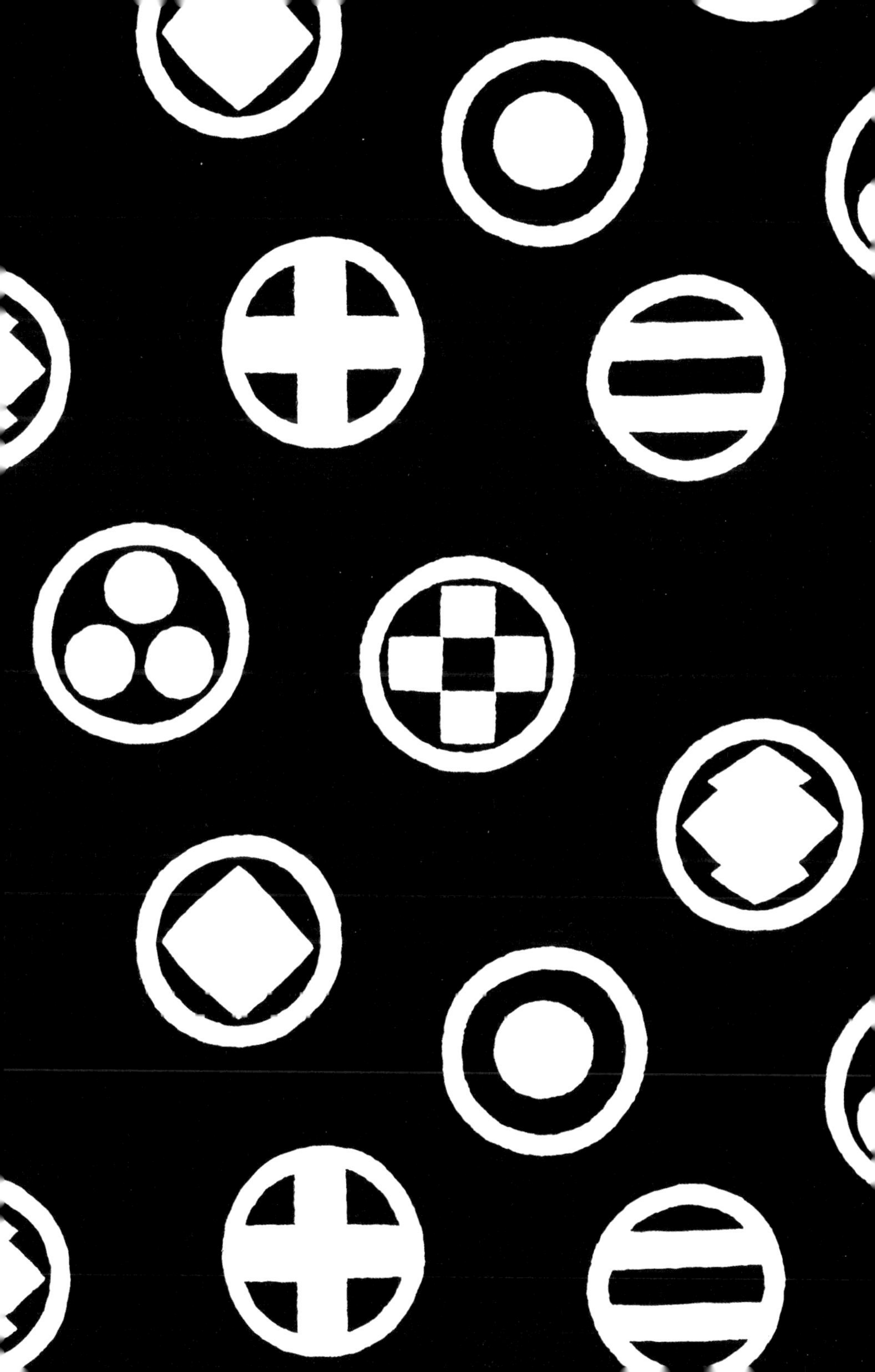

庭石

NIWAISHI　Garden stones

門をくぐると
苔につつまれた敷石が
不規則に、しかしある秩序を持って
配置されている。
この微妙な配置こそが
日本らしい美しさだと思う。

夜菊

YOGIKU　Night ime chrysanthemums

雲間から姿をあらわした、
まん丸いお月さま。
その光に照らされて浮かび上がる
白い菊の陰影が、秋の夜の
澄んだ空気を伝えてくる。
夜空の月と雲、そして菊の花。
日本情緒のひとつの姿がここにある。

狂言格子

KYŌGEN KŌSHI　Kyogen kimono plaid

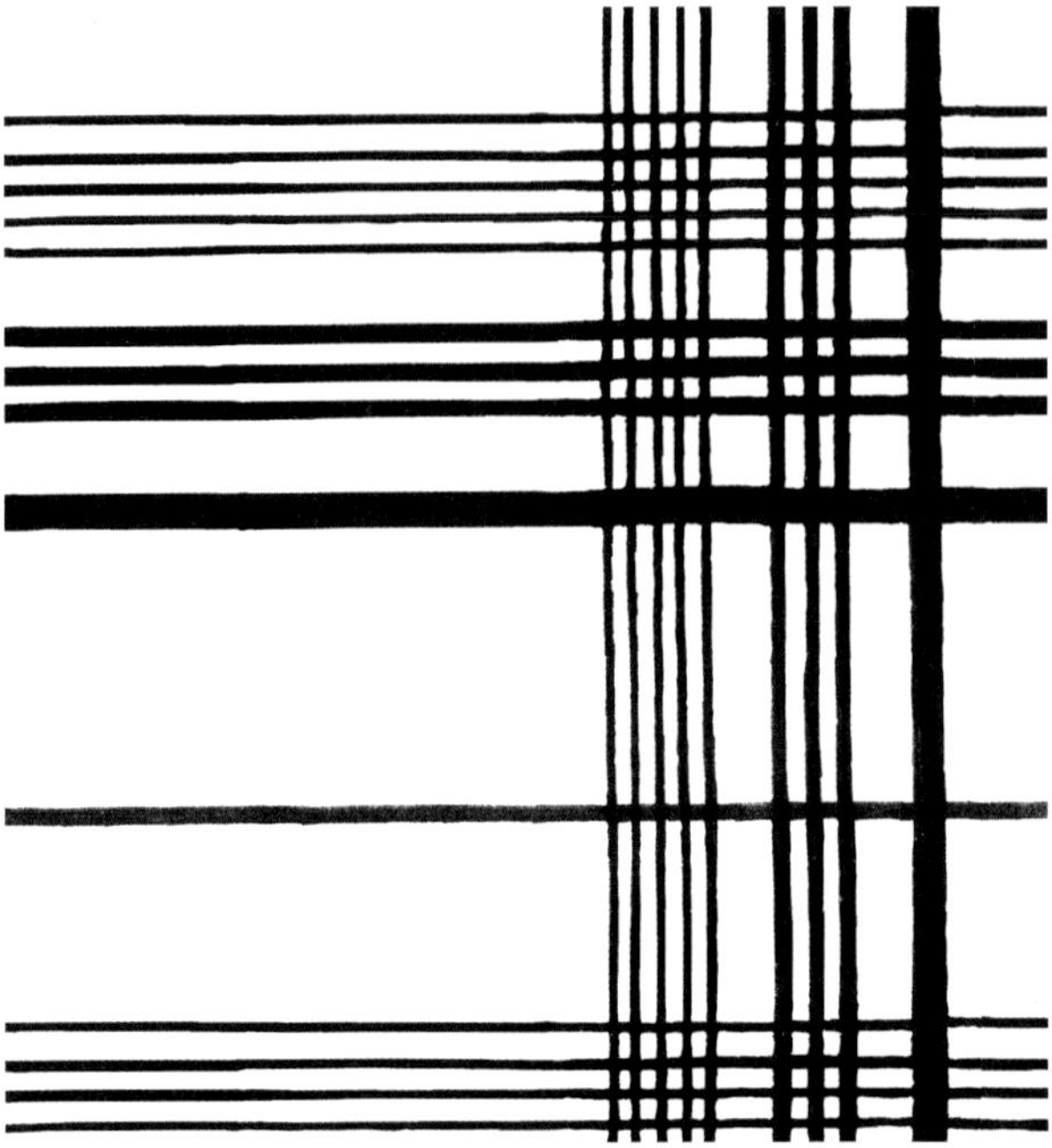

能の静に対して狂言は動。
その衣装も動的な勢いのあるものが多い。
大胆な狂言のような格子。

都大路

MIYAKO-ŌJI　Streets and lanes in Kyoto

京の街は碁盤の目のように東西南北に
道が通っていてわかりやすい。
大きな道があってそこから一歩入ると
細い道や路地がたくさんある。
そんなイメージのデザイン。

凛《りん》

RIN　Stately beauty of Noh dance

能を見ていると、背筋がピッと伸びた
凛とした美しさにゾクゾクしてくる。
その能衣裳の一部分から
インスピレーションをうけて作った、
シンプルだけれど緊張感のある模様。

校倉《あぜくら》

AZEKURA　Ancient storehouse

東大寺の正倉院は現存している数少ない高床式の校倉造り。
三角の断面の木を積み上げた壁は美しいだけでなく
日本の気候に合ったもので、まさに用の美といえる。
千年以上もの間、秘宝を守ってきた校倉の木組みを模様に。

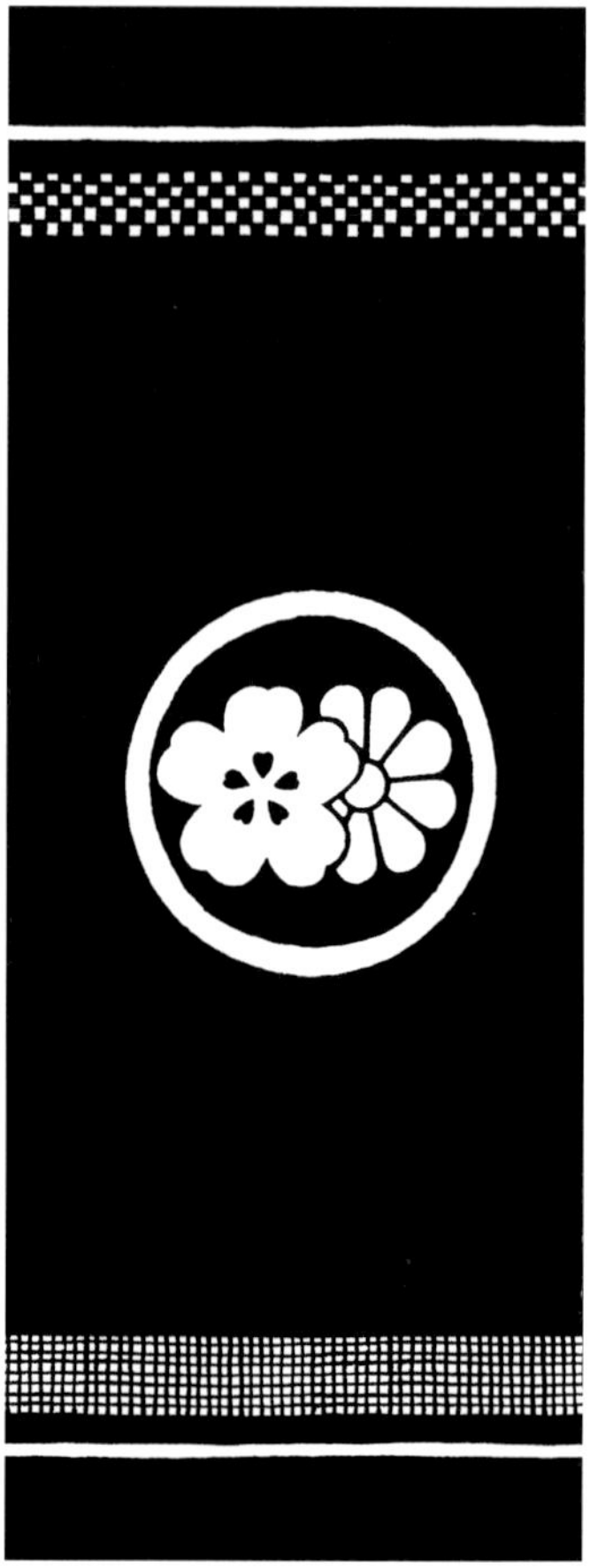

家紋と一文字

KAMON TO HITOMOJI The SOU·SOU crest

日本を象徴する花、
桜と菊をモチーフにして作った
SOU·SOUの家紋。
普通はひとつのモチーフで
作られているのだが、
あえて二つを組み合わせてみた。

お祝い

OIWAI Celebration

松と竹は冬の間にも青々とした緑を保ち、
梅は厳しい寒さの中に花を開く。
このことから松竹梅は吉祥の象徴として、
お祝い事には欠かせないものとなっている。
お祝いの手ぬぐいを松竹梅の吉祥模様で。

重ね菱

KASANEBISHI　Diamond layers

日本の家紋はビシッと決まっていてクール。
菱形を三つ重ねて家紋のようにし
それを並べて模様にした。
これだけで、さむらいの雰囲気が
ただよってくるようだ。

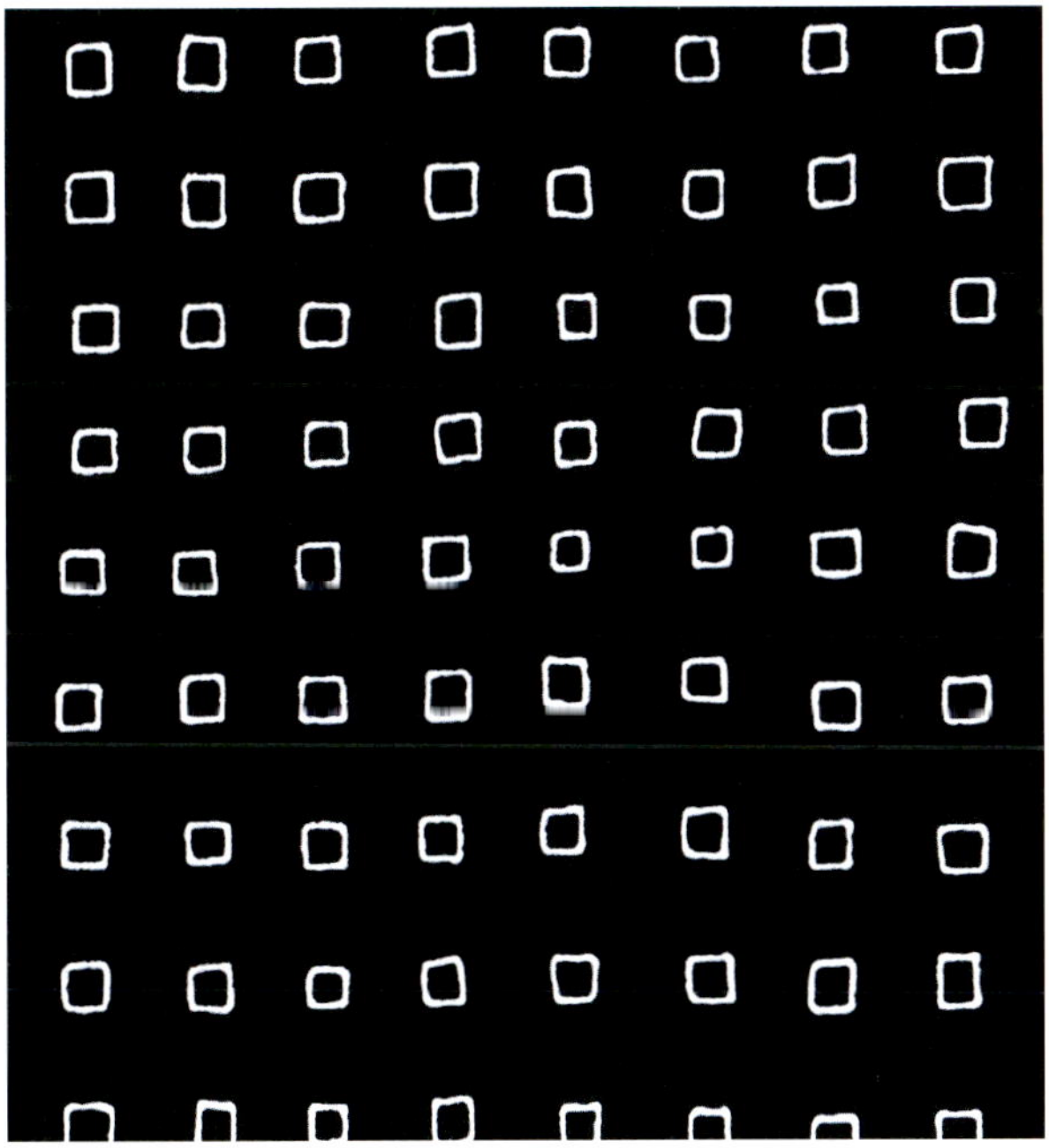

枡

MASU　Little boxes

僕は単純に並べていく模様が
とても好きだ。これもそのひとつ。
エンピツで描いた線の感じが何となく
残っているところがポイントかもしれない。

桟

SAN　Window frames

昔の家の障子や窓枠には粋なものが多い。
当時の人々の美意識が反映しているのだろう。
互い違いに組まれた桟の粋を
白と黒で表現。

竹矢来

TAKEYARAI　Bamboo lattices

縞や格子は昔からあり、どの国にもある基本的な模様。
それぞれの国や地方によって
組み合わせや色が違い、独自の雰囲気を持っている。
竹矢来という、竹を縦横に粗く組んだ囲いから
着想を得て作った、少し変わった格子模様。

枯山水

KARESANSUI　Dry garden

砂の上を竹の熊手でゆっくり
しかし力強く刷け目をつけていく修行僧。
まっすぐにそしてまあるく石をとりかこむように。
やがてそれは水の流れとなって
庭全体に広がっていく。

山紫水明

SANSHISUIMEI　Purple mountain reflection

山は紫、澄んだ水は清らかな山紫水明の地、京都。
このデザインは、京都サンガF・C・のために制作。
ランダムにちらばった十二個の水玉は、
イレブンとサポーターを表しています。

鞠《まり》

MARI　Mari balls

蹴鞠は平安時代に貴族の間で大流行した宮廷競技。
鹿皮製の鞠を一定の高さで蹴り続け、その回数を競う。
貴族達は屋敷に練習場を設け、日々練習に明け暮れた。
昔から人は鞠を蹴ることが好きだったのだと納得する。

格子

KŌSHI　Lattice

格子の模様は、織物の中ではごく普通のものなので、
面白いものを作るのはむずかしい。
この格子も特に目新しいものではない。
ただ足袋下になったとき、地味だけれど
使いやすいものかもしれない。

ねじ梅

NEJI UME　Spiral plum blossom

家紋には梅を題材にしたものも多く
ねじ梅もそのひとつだ。
平面的で単純な形なのだけれど、
ねじった感じも面白く
梅の愛らしさがよく表現されている。

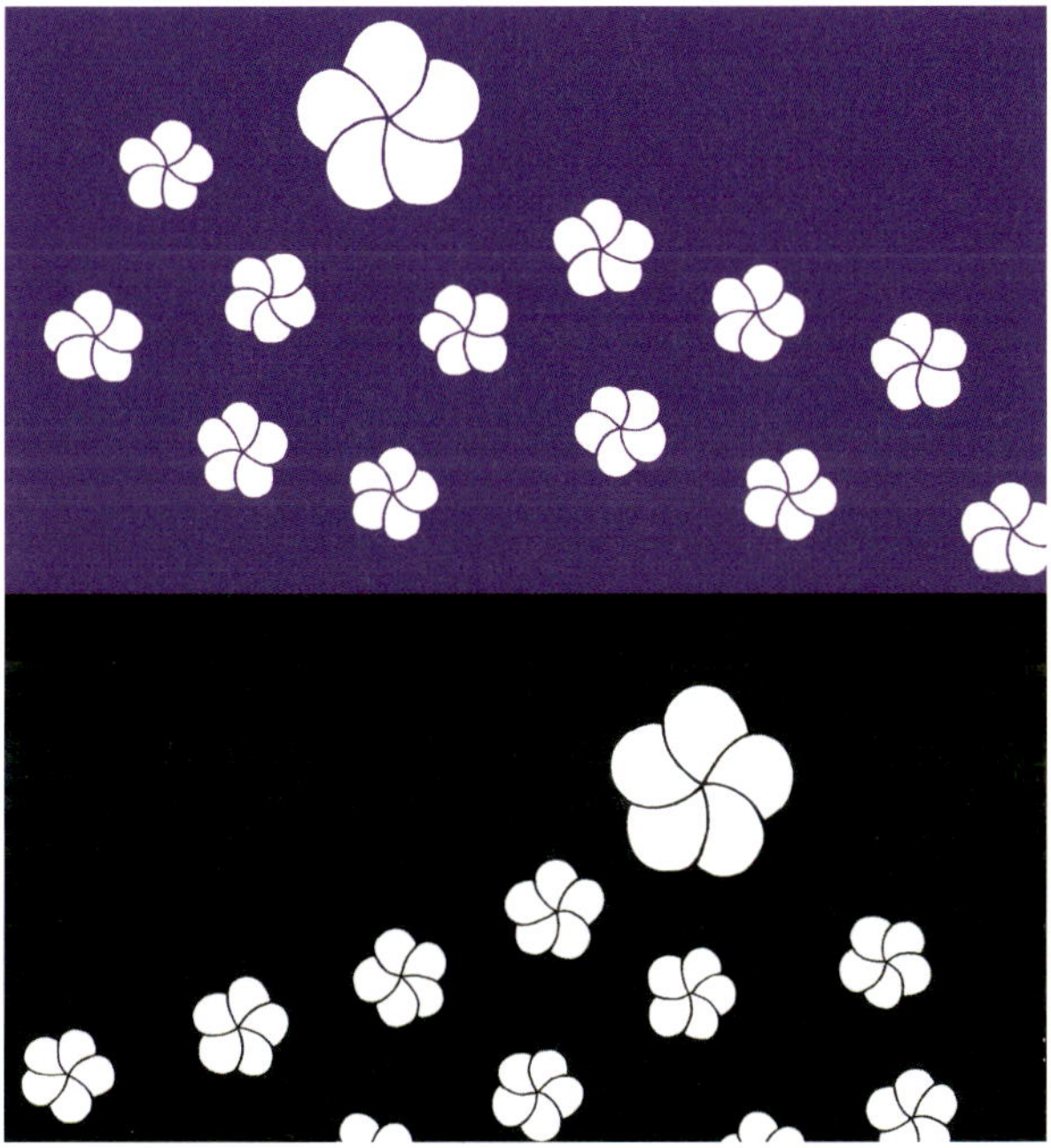

かきつばた

KAKITSUBATA　Screen irises

かきつばたとくれば尾形光琳の屏風の絵で決まりだろう。
このデザインは、その光琳の絵をもとに作らせてもらった。
究極の美しさを見てしまうと
僕がジタバタしてもはじまらないと思う。

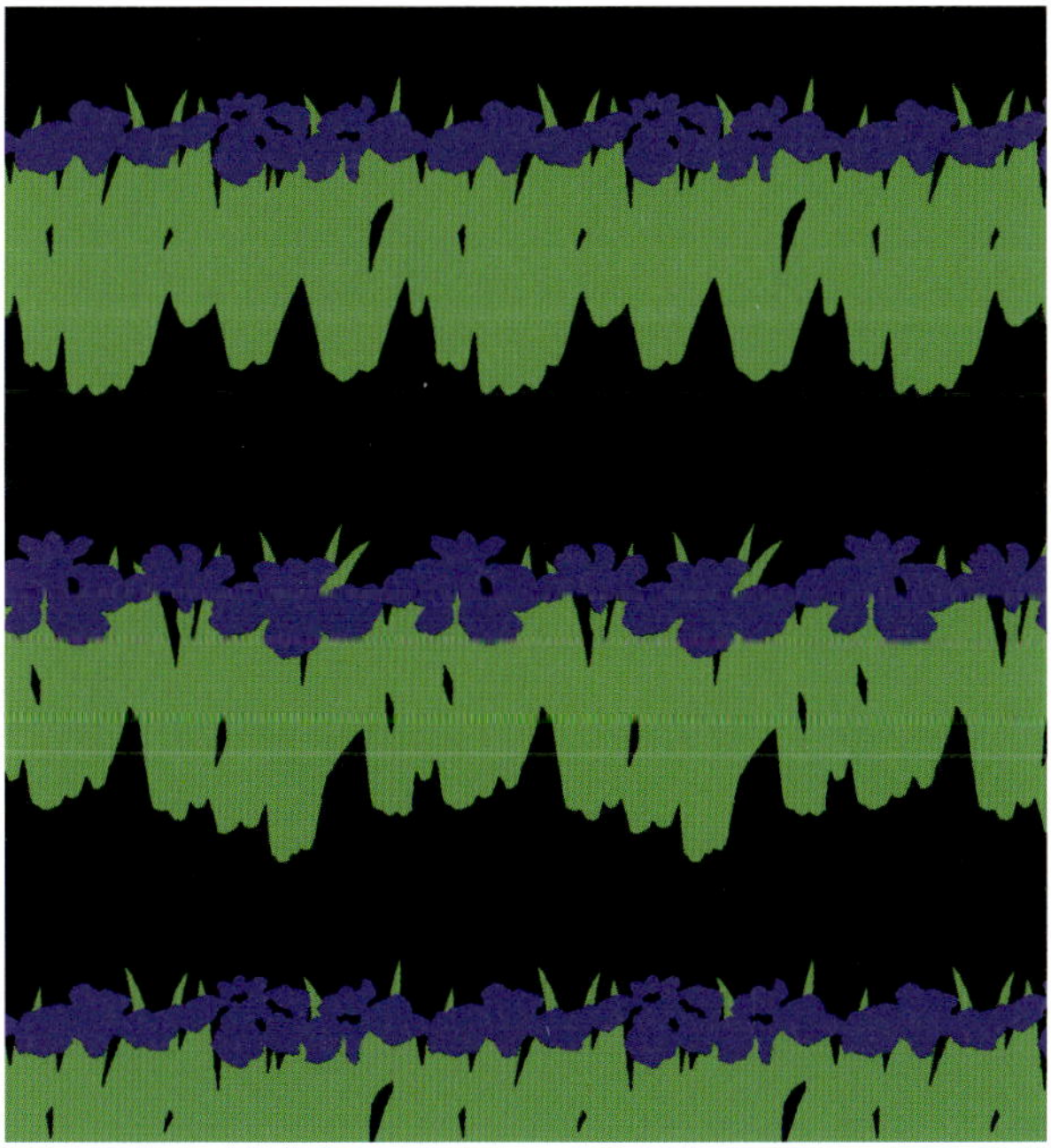

草《そう》花《か》文様

SOUKAMONYŌ　Flowers and grass

草花文様はいつの時代も
人々に愛されてきた。
人は木や植物と共に生きている。
植物の文様を見ると人はやさしく
受け入れられていると感じ
安心するのだろう。

御門

GOMON　Samurai residence gate

城や武家屋敷などの門は
重々しく頑丈に出来ていた。
いつ戦があるかもしれずどう攻められても
こわれない丈夫なものを作る必要があった。
それとともに権威を示すことも
重要な要素であったと思う。

風雅

FŪGA　Elegance

能や狂言の衣裳、小袖などの着物の模様。
刺繍や辻ヶ花などの技法で表現された花々。
昔の人が生きていた雅な世界をたどりながら
今の時代を表現しようと試みる。
風雅なよさを残しながら。

傾《かぶ》く

KABUKU　Out of the ordinary

世間の常識にとらわれず行動すること。
まわりが何と言おうと
自分がこうと決めたことをやり続けること。
異様な服装をすること。
傾くのは覚悟がいる。

おはじき重ね
OHAJIKI GASANE　Overlapping marbles

SOU・SOUの人気柄のひとつ、おはじきを
重ねてみようということからうまれた模様。
多くの人に好まれる水玉。
かわいくてとがってなくて、
安心して感情移入ができるのだと思う。

みたらし団子
MITARASHI DANGO　Glazed dumplings

一年で月が最も美しい九月。
下鴨神社の名月《めいげつ》管絃《かんげん》祭《さい》では、串にさされた
五個の真白な団子がお供えされる。
下鴨神社のみたらし池にブクブクと
浮かび上がってくる気泡を模して作られた団子が
みたらし団子の始まりだそう。

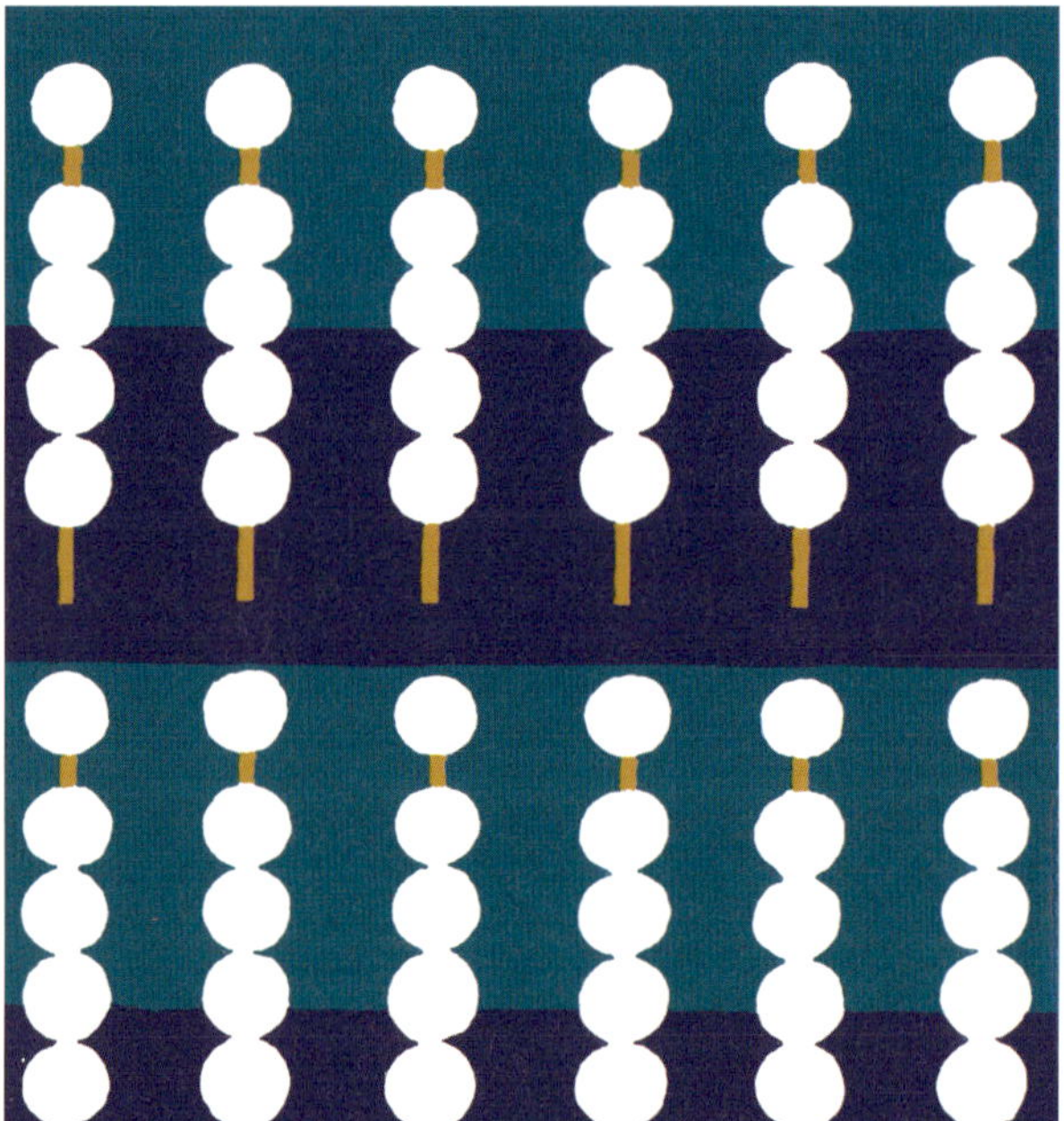

糸巻

ITOMAKI　Cotton reels

今はなくなってしまった、
かわいい糸巻の形。
四色の糸巻きを並べてみると、
かわいい格子模様に。

おはじき 大

OHAJIKI DAI　Large marbles

おはじきはかわいいデザインですが、
大柄のものはとても大らかで
ゆったりしている。
ホッとする暖かい雰囲気が
出てきたことは不思議に思う。

東山三十六峰

HIGASHIYAMA SANJŪROPPŌ　Higashiyama 36 peaks

「ふとん着て 寝たる姿や 東山」と詠われた
ように、なだらかな起伏を持つ東山連峰。
街からも近く、京都のたたずまいに
潤いを与えている。山裾には修学院離宮、
詩仙堂、銀閣寺、哲学の道、
南禅寺、八坂神社、清水寺などが連なる。

平安京

HEIANKYŌ　Ancient Kyoto

まわりをぐるりと山に囲まれて、その中を
一本の川が流れている。山はふんわりとして
雅で、川はゆるやかに大地を潤している。
この優雅な自然に抱かれた、
こここそ都であるという想いを持ったと思う。
今も多くの神社仏閣と共に情緒ある
平安京の姿を楽しむことができる。

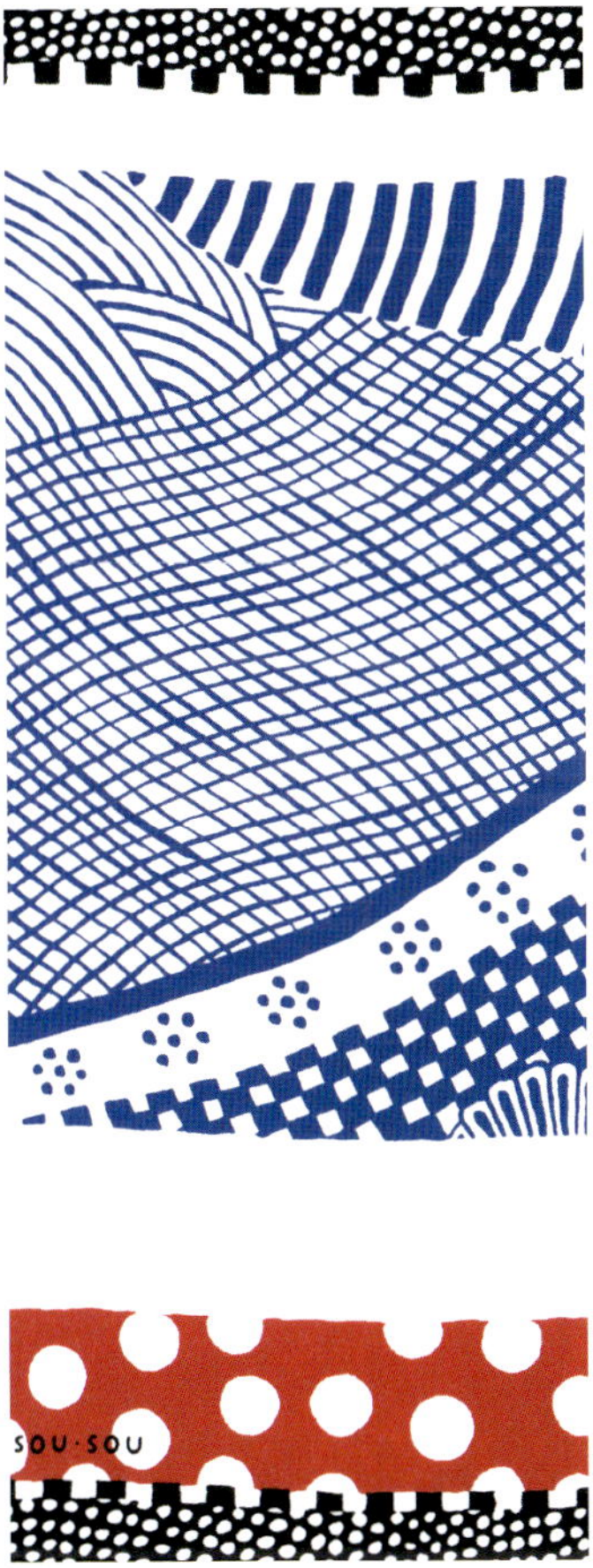

染付

SOMETSUKE　Blue glaze

素焼の磁器に呉須という顔料で絵付け。
その上に釉薬をかけて焼き上げる。
白く艶のある地に濃淡のある青で
味わいのある模様が絵描かれている。
染付けは日本の食器の
代表的なもののひとつだ。

白波

SHIRANAMI　White waves

西洋では波を写実的に表現する。
日本では北斎の浮世絵のように誇張され
様式化されたダイナミックな波を
創造してきた。

錦

NISHIKI　Colorful weaving

金銀、珊瑚、綾錦といわれたように錦は宝物として
大切にされた。素材の豪華さと
色鮮やかな色彩の織物は人々の目を奪った。
錦絵、錦鯉、もみじの錦などのように
心を虜にするような美しいものに使われている。

青海波

SEIGAIHA　Blue waves

ゆったりとした波おだやかな青い海は
平和な日常を連想させる。
そのため青海波はおめでたい文様として
季節にかかわりなく使われるようになった。
日本的な文様だと思っていたが
ペルシャ、ササン朝様式に端を発したものだそう。

金平糖

KONPEITŌ　Confetti candy

回転する円形の鉄の大鍋に砂糖と下味のついた水を入れ
温めながら根気よくかきまぜていくことで出来る金平糖。
作っていく段階で角《つの》のようなものがいくつも出来て
あの不思議な形になる。舌に触れる感じとほのかな甘さがいい。
金平糖の語源はポルトガル語だそうだが
その言葉のひびきも魅力のひとつだと思う。

小袖

KOSODE　Kosode kimono

染、織、刺繍の贅をつくして作られた小袖は
着物の全盛期を飾るにふさわしい
華やかさにあふれている。
模様の自由さ、大胆さ、手仕事の緻密さ、
豪華絢爛さが際立っている。

花筵

HANAMUSHIRO　Bulrush mat

お花見などには広げてみんなで坐り、
花を見、食事をした。暑いときには
その上に寝ころんだりといろんな場面で活躍した。
藺草《いぐさ》で作られた自然素材なので肌ざわりがよく
気持いいものだ。今もラグやカーペットとして
使われているすぐれものだ。

疏水

SOSUI　Lake Biwa canal

毎朝散歩する南禅寺界隈は疏水がいたるところにあり、
流れにそった道を歩いているとせせらぎが
胸にひびいてくる。このあたりの別荘も
疏水からの水で庭に流れをつくり池をつくっている。
この疏水は琵琶湖からトンネルをくぐり
水道橋を渡ってきて京都の街を潤している。

古代裂《ぎれ》

KODAIGIRE　Ancient cloth

正倉院宝物の布や古代インカの布がボロボロになって穴が空いたりしているのを見ることがある。そのもの自体も美しいが破れたりつぎはぎだったり色が変色しているところにも美しさを感じる。時間がつくり出す美もある。

花絣

HANAGASURI　Flower patterned kasuri fabric

絣は模様の端がギザギザになって表現される。大正時代の着物には大柄な花や模様を絣で表現したものが流行していた。その大胆さと絣の味わいが一体となって面白さをかもし出していた。この花絣はプリントだが絣の面白さを表現。

花のれん

HANANOREN　Flower curtain

のれんというのは不思議なもの。
空間を戸やドアではなく布一枚で仕切る。
人が通るとゆれて向うの空間が見えかくれする。
風が吹くと布がゆれ動き向うの気配が感じられる。
他の国では見かけない日本的なもののひとつだと思う。

和室

WASHITSU　Japanese room

和室のよさはまず畳だろう。
日本の風土に自然素材である畳のさわやかさ暖かさは
欠かせない。縦と横に組み合わせて並べられているのも
ある秩序があって気持ちがいい。
畳に坐って話していると腹を割って話せる。
落ち着いた気持ちになる。

草枕

KUSAMAKURA　Grass bed

昔旅に出て野宿するとき、草を束ねて
仮の枕を作ったことから、旅や旅で寝ることを
草枕というようになった。
草枕という言葉からは古の人達が生きてきた
時代のきびしさや淋しさがしのばれる。
そしてその中で人生を歩んでいた人達の姿が浮んでくる。

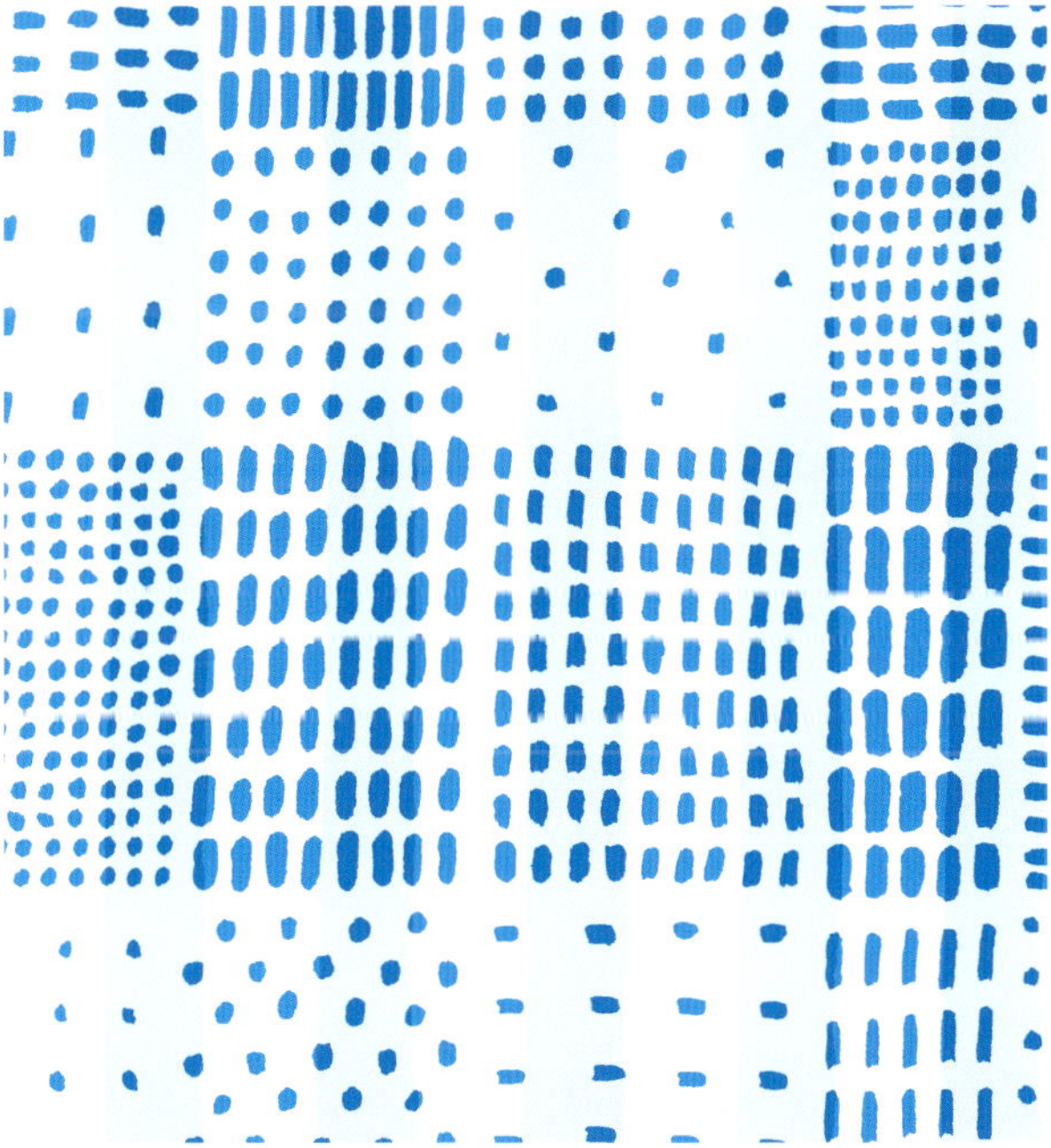

敷石

SHIKIISHI　Stone pavement

石を並べていく。
気持が少しずつ変化していくように
並べる石も変化していく。
少し不揃いな敷石は味わいがあり
歩んでいく楽しさもある。

太鼓橋

TAIKOBASHI　Arched bridge

昔の橋は真中がふくらんでいた。
その方が上から重さがかかっても
耐えることが出来たのだろう。
高くなった橋の上からながめる風景は
日々の暮らしとは違ったものが見えたかもしれない。

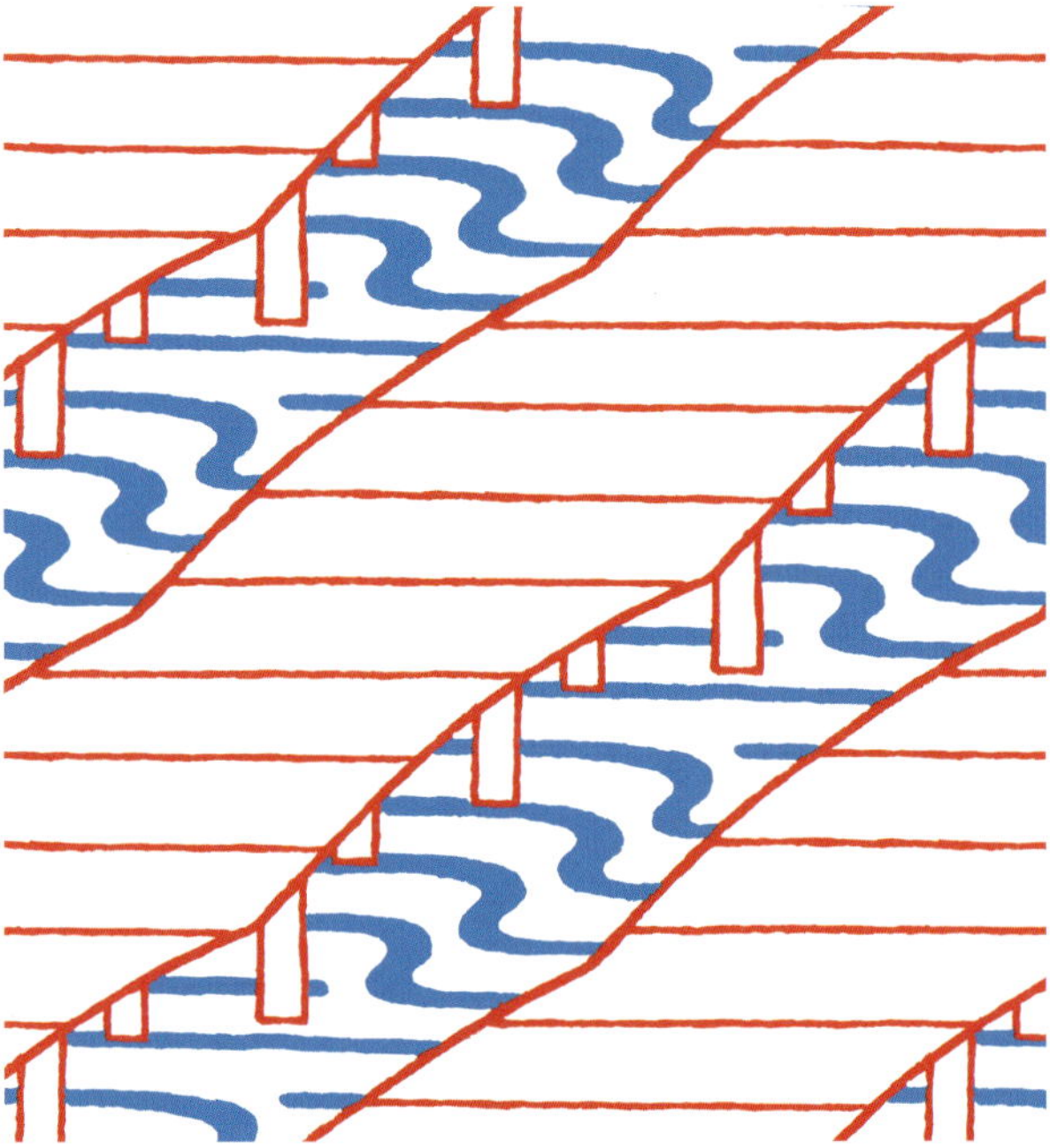

菊水

KIKUSUI　Flowing chrysanthemum

菊に水の流れという昔からある
日本の模様をシンプルに、
そして色を新しくして表現した。
昔からの模様にはいいものがいっぱいある。
それをどう生かしていくかが課題だ。

かぐや

KAGUYA　Princess Kaguya

昔竹林を舞台にある物語がつむぎだされた。
かぐや姫は竹林で誕生し竹取りの老夫婦に育てられる。
美しい姫に成長し貴公子や帝からの求愛を受ける。
しかし八月の十五夜に月からの使者に伴われて昇天する。
竹の林にはそんな美しも悲しい物語を
想像させるものがあるのかもしれない。

京《みやこ》の優雅

MIYAKO NO YŪGA　Beautiful Kyoto spring

爛漫と咲き乱れる桜の舞台に華やかな着物を着た
祇園のきれいどころが勢ぞろいする都をどり。
一三〇年以上も続いていて、四月の京都には
なくてはならないものになっている。
青い地に桜の模様をあしらった着物で
居並ぶさまは何ともあでやか。

きくまる

KIKUMARU　Striped mums

昔の着物の模様は、今の日本人の意識では
考えられないほど大胆なものが多い。
今よりずっと精神が自由でいきいきしていた。
そんな時代への憧れを菊と縞に託して。

菊だより

KIKUDAYORI　Chrysanthemum days

菊は主に秋に咲くが一年中どこかで
見ることが出来る。日本の気候や
日本人の気質にも合っている。
御紋は菊だし仏様への花も菊であることが多い。
菊のたよりが聞かれる秋
日本人であることを思い起こし
自分自身を見つめ直したい。

金襴緞子

KINRANDONSU　Nishijin gold damask

金襴緞子は金箔を織りこんだ緞子織の
美しい絹織物で豪華な花嫁衣裳の
打ちかけや帯などに使われる。
主に京都西陣で作られてきており
唐文様を中心に創意工夫されてきた。
菊と梅で構成したSOU・SOUの金襴緞子。

五十鈴川

ISUZUGAWA　Sacred rive

鳥居をくぐり宇治橋にさしかかる。
五十鈴川の水は清らかに静かに流れていく。
橋から見る山々はたおやかに
木々が茂り ゆったりとした姿を見せている。
神宮の森はひっそりとしたたたずまいを見せ
この川を渡ると聖域に入ったのだ
という想いが湧いてくる。

京の宿

KYÔ NO YADO　Kyoto lodgings

京都へは毎年五千万人の観光客が訪れる。
以前は静かな季節もあったが、今は訪れる人が絶えない。
「洛中洛外図」風に見ると雲の間に点々と宿が見える。
あの宿がいいかな、こっちの方がいいかな、
というのも旅の楽しさのひとつ。自分に合った宿が
見つかったとき、旅は一段と充実してくる。

糺の森

TADASU NO MORI　Tadasu-no-mori forest

世界遺産となっている下鴨神社。
原生林の鎮守の森。木々がそびえ立っていて、
気持ちのいい空間が広がっている。
細かい市松や格子柄を使って、葉の濃淡や形の
微妙な変化を表現し、豊かで多彩な
森の感じが出せればと思った。

菊唐草

KIKUKARAKUSA　Chrysanthemum arabesque

これは僕が好きな光琳の写し。
大胆さと繊細さ、思い切って省略していながら
菊の美しさが匂いたってくる風情がある。
光悦、宗達、光琳、乾山は日本美術の白眉であり、
永遠の憧れだ。

拍子木

HYŌSHIGI　Rhythmical clappers

長方形をまっすぐ並べていっても
模様になるけれど、少しずつ
角度を変えて並べていくと
あるリズム感が出てきた。
それがこの模様の魅力になっている。

都の春

MIYAKONOHARU　Kyoto in spring

京都に住んでいていいなあと思うことはたくさんある。
でもそれを並べて立てていっても説明しきれない何かが残る。
きっとそれは、千年の間都だったことからくるものだろう。
都の春(お正月)は街の飾りも歴史を感じる趣向がこらされ
いっそう雅なひとときを迎える。

小菊

KOGIKU　Petite chrysanthemums

小さい花が並んでいる模様はとてもかわいいものだが
今まではあまりつくっていない。
色とりどりの小さい菊を並べてみた。
テキスタイルデザインはこういう何でもない模様が多く
それが人に好まれるのだろう。

送り火

OKURIBI　Ceremorial bonfire in Kyoto

八月十六日の夜、大文字から五山に点火されていく。
祖先の霊が帰っていかれるのを送る火。
火がひとつひとつ灯り、
やがて激しく燃え上がる
大の字が夜空を焦がす。
それが燃え尽きていくのを見ていると、
夏が去っていくのだと思う。

社《やしろ》

YASHIRO

深い木立の中、参道の玉砂利を
ふみしめて神殿へ向かう。
澄んだ空気に身が引きしまる。
拝礼し柏手を打ち手を合わせる。
心をこめてお祈りをする。
清々しい気持ちで
一年をはじめることが出来そうだ。

花鳥風月
KACHŌFŪGETSU　Beauty of nature

二、三日前まで咲いていた花は終わり、別の花が開く準備をしている。日々変化していく花のありようを見ているだけで暮らしていける。
花を愛で、月を愛で、風の変化を楽しみ鳥の声でめざめる。日本のように自然によりそって生きていける国は少ない。日本人はそのことをもっと知っていいと思う。

一二三《ひふみ》
HIFUMI　One, two, three...

漢数字と算用数字は見た目はまったく違う。
でもその単純明快さと存在感の確かさは共通している。
数字は人間が考え出したすぐれもののひとつだ。

文《ふみ》

FUMI Calligraphic love letter

源氏物語が書かれた時代には和紙の巻紙に歌を詠み文をあらわしていた。その歌と文しだいで恋が成就したりしなかったりしたようだ。女性はひらがなで文をあらわしていた。その流れるような筆づかいは美しく日本人のたおやかさ豊かさが感じられる。

いろは

IROHA Hiragana alphabet

ひらがなはアルファベットと比べて論理的ではなくて曖昧な部分が多く、デザインしにくい。その曖昧さが西洋のモチーフと違った形の面白さであり、日本の世界観の表れなのだ。そして僕のDNAはこの曖昧な世界観に属している。「いろは」を作っていく中で日本のあり方が又ひとつ心にしみてきた。

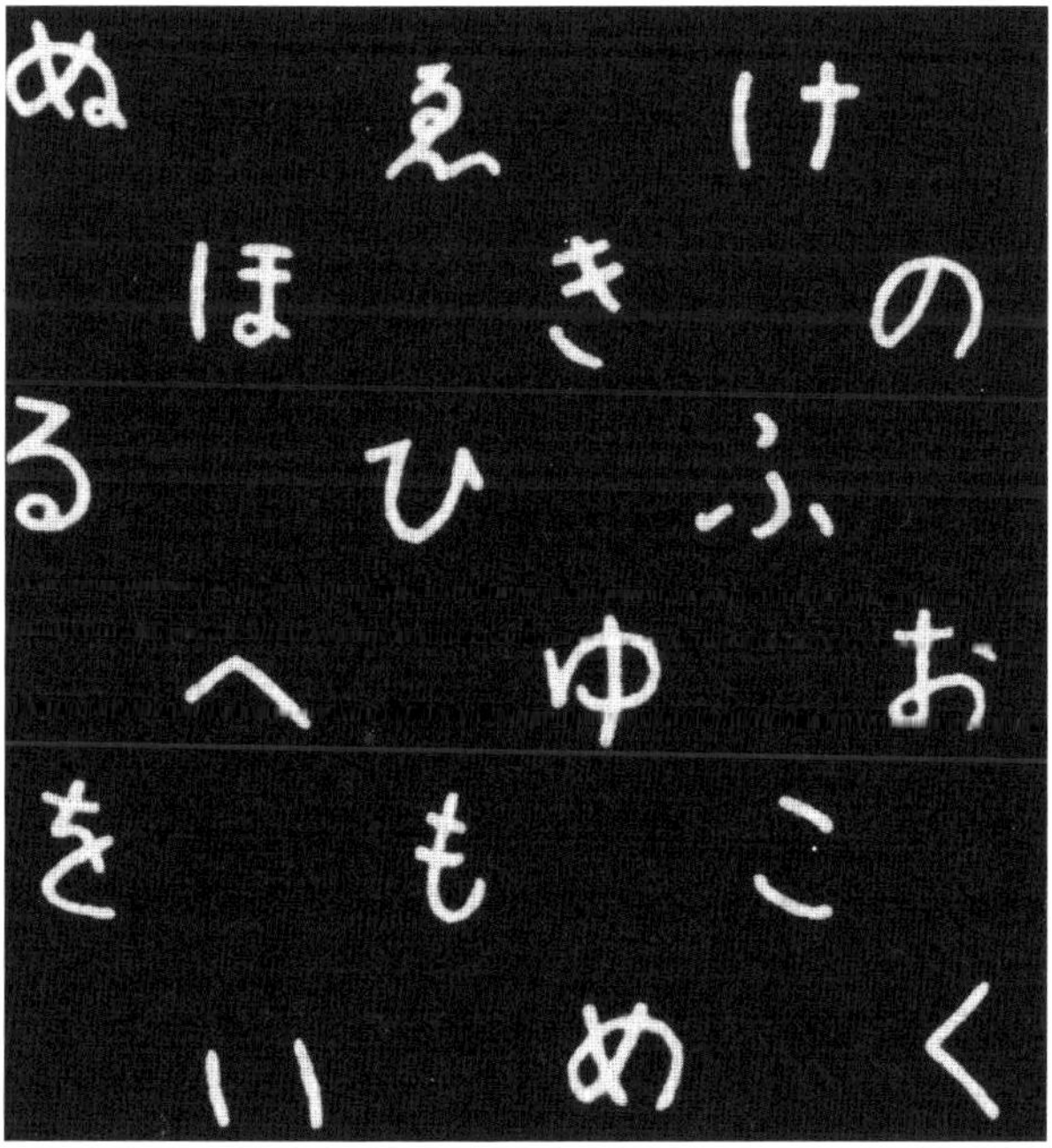

五右衛門

GOEMON　Robber's arabesque

歴史上の大盗賊、石川五右衛門。傾いた装束に身をつつみ、南禅寺山門の上で「絶景かな絶景かな…」と大見得を切る。
捕えられ釜ゆでの刑になるが
「石川や浜の真砂はつきるとも世に盗人の種はつきまじ」
と辞世の句を詠み、大往生。五右衛門なら
こんな模様の衣裳を着たのでないかと想像させる。

武将

BUSHŌ　Samurai commander

戦国時代、日々戦に明け暮れていた武士集団。
武将は、強くたくましく何ものをもおそれず
立ち向かっていく力を求められた。
その力を表すものとして、武具や衣裳も
それぞれ想いをこらして作り上げた。
そんな武将が着たであろう衣裳を想像して…。

雨戸

AMADO　Shutters

今はあまり見なくなったが木製の雨戸があって
寝るときには引き出して家のまわりをおおっていた。
家が傷まないようにするためのものなので
雨戸自体には雨があたる。
色があせて表面がボロボロになって
味わい深い木の表情が出てくる。

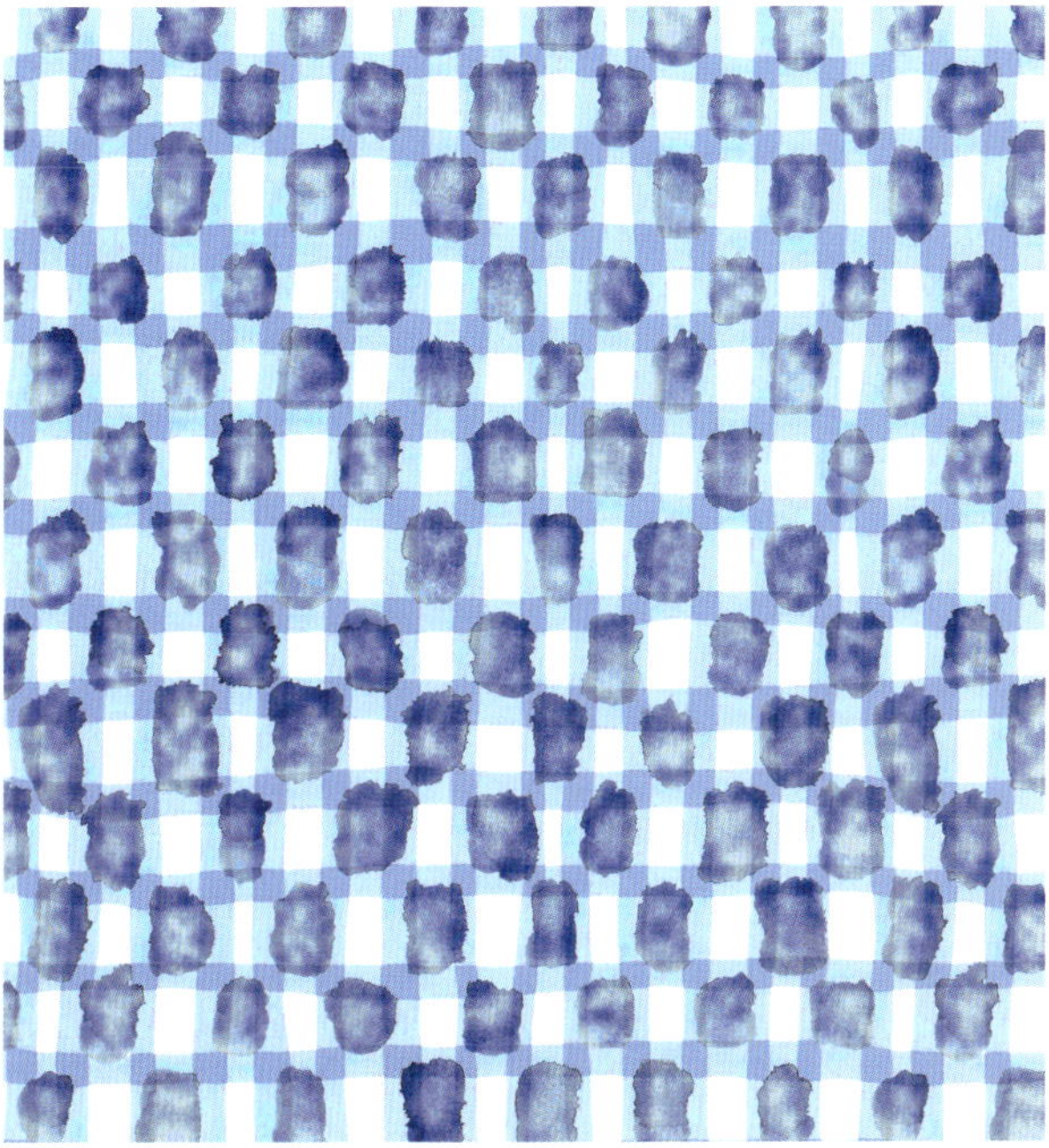

麻てまり

ASA TEMARI　Hemp-leaf patterned temari balls

麻の葉の模様は、麻の葉を
幾何的な形で表現した上品なもの。
この模様をポップに出来ないかと
ずっと思っていた。
丸の中に入れてみたのだが、
新しい麻の葉模様になっただろうか。

桔梗

KIKYŌ Chinese bellflower

風船のような丸い蕾がパッと開いて
大きな星形のうす紫の花が咲く。
花の形や色が日本的で
「万葉集」で秋の七草として詠われている。

麻の葉

ASANOHA Hemp leaves

日本の模様に麻の葉を
デザイン化したものがあり、愛されてきた。
ここでは麻の葉を花に見立て
格子と組み合わせた模様に。

蚊帳

KAYA Mosquito net

無地のような模様であっても
イメージがほしい。
これは細かい格子なのだが
少しざっくりした糸で
織ったガーゼとか蚊帳のような
やわらかい感じを出したかった。

畳

TATAMI Tatami matting

畳の機能性と美しさには素晴らしいものがある。
あの足触りの気持ちよさ、坐っても寝ころんでも
適度のやわらかさと固さがある。
藺草《いぐさ》という植物から作られていて湿度の高い
日本の気候に順応し夏は涼しく冬は暖かい。
新しい畳のにおいは清々しく気持ちがいい。

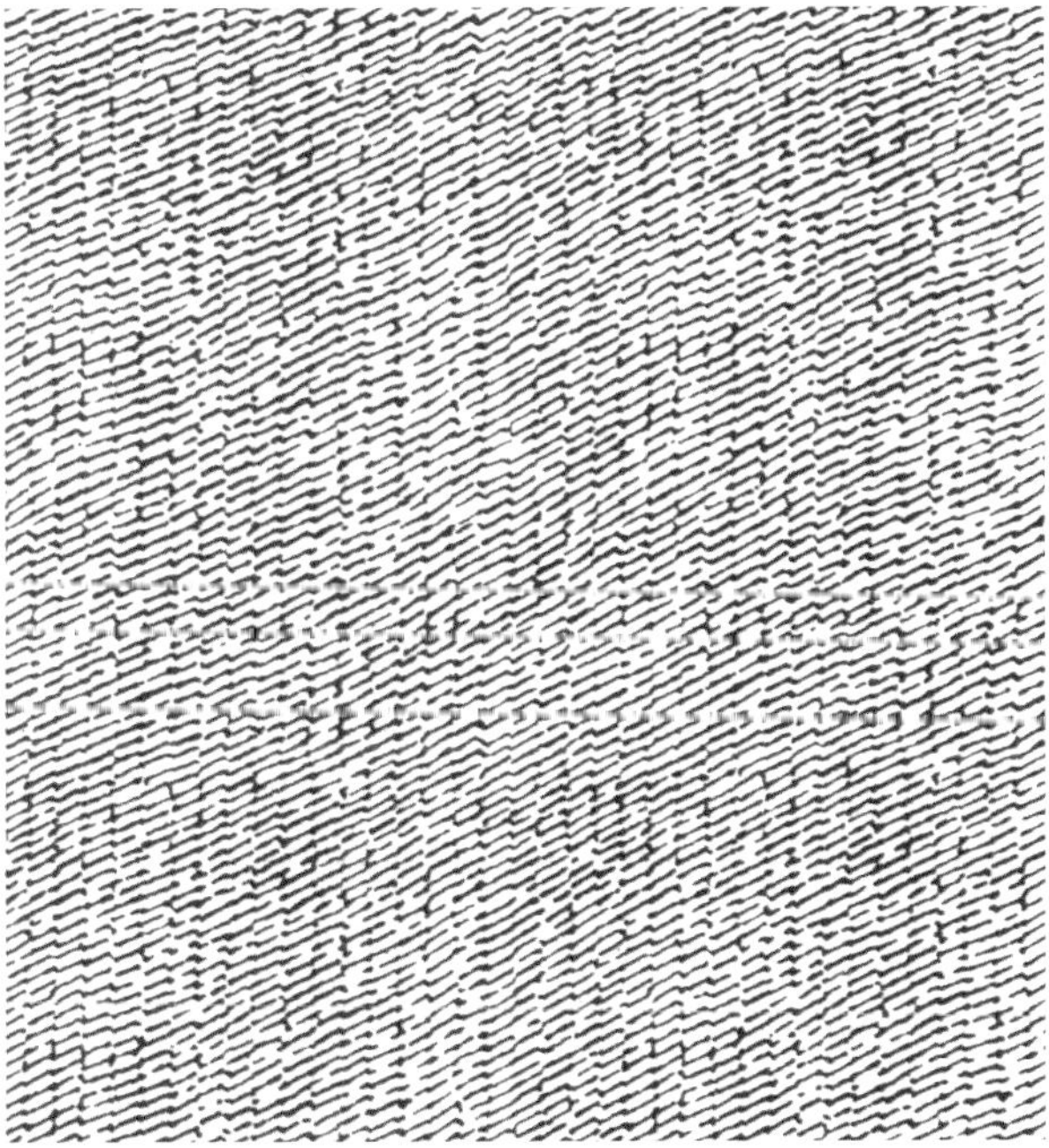

千弥無智喜珍（チャンチキチン）

CHAN CHIKI CHIN　Lanterns and fans

七月の京都は祇園祭。
一日から三十一日までいろんな行事がとり行われる。
十七日が山鉾巡行で祭は最高潮。
夜の祇園祭を彩る提灯とうちわ（稚児の補佐役の禿《かむろ》が持つ）を
モチーフに赤一色で表現。

丸に小菊

MARU NI KOGIKU　Dots and chrysanthemum

桜が春の花なら
菊は秋の花。
小菊は日々の暮らしの
あらゆる場面に登場する。
日本人が最も身近に
感じている花ではないだろうか。

祇園祭

GION MATSURI　Gion Festival in Kyoto

僕のイメージの中にある祇園祭は、赤い色と密接に結びついている。
山や鉾《ほこ》を飾っているペルシャじゅうたんのまわりは赤い布で
縁取られている。紋の入った幔幕も、鉾の屋根の上の三角帽子も赤。
濃密な赤が華やかだった都の色気を感じさせる。
この赤がなかったら、
僕の祇園祭りへの想いは違ったものになっていただろう。

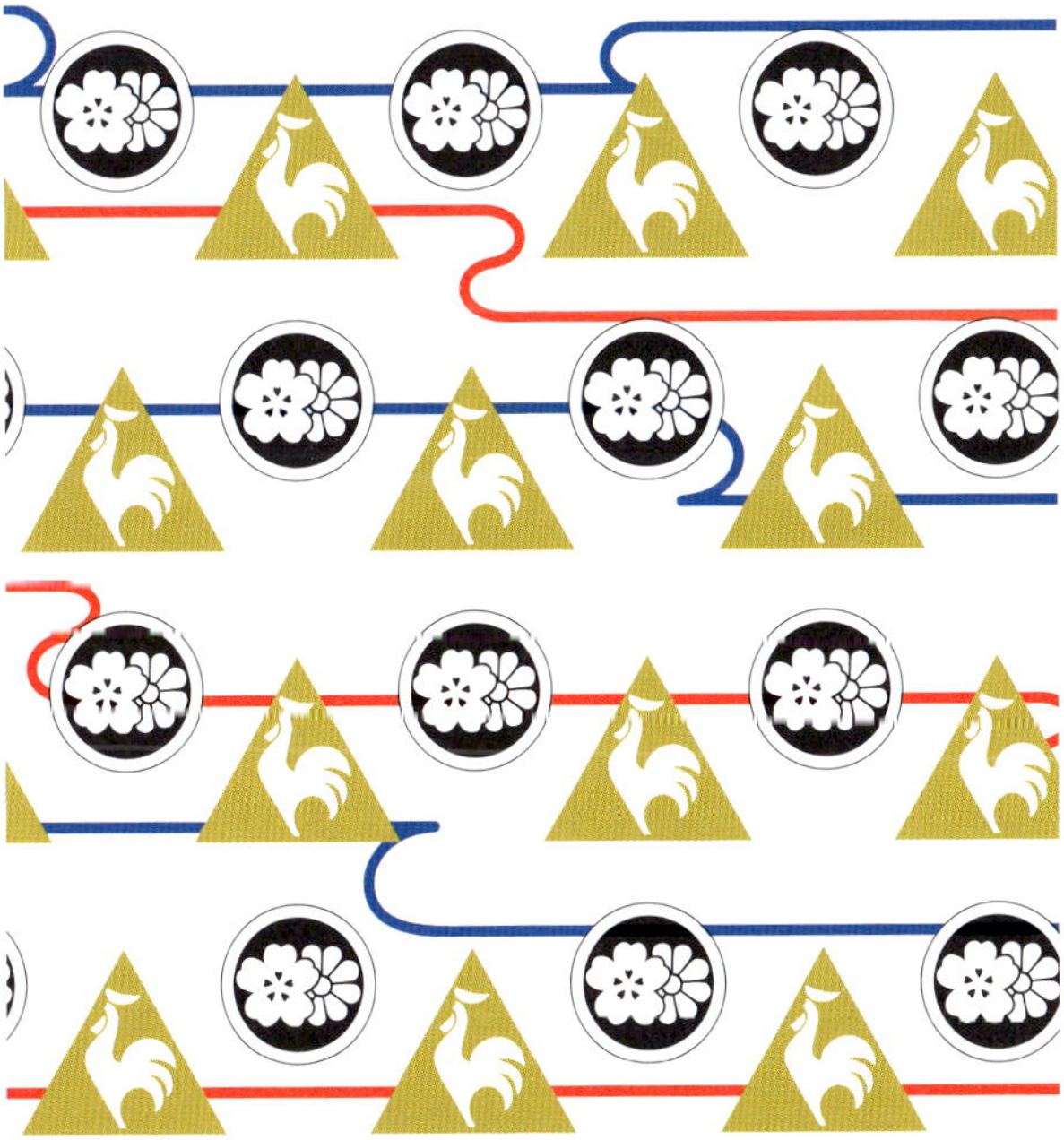

le coq×SOU·SOU モノグラム

le coq × SOU·SOU / MONOGRAM

ルコックをにわとりのロゴマークで、
SOU·SOUを家紋で表す。
赤と青の雲の色でフランスを、
黒と金の家紋の色で日本を表現。
異なった文化が出会って
思いがけない魅力が出てくることを願って。

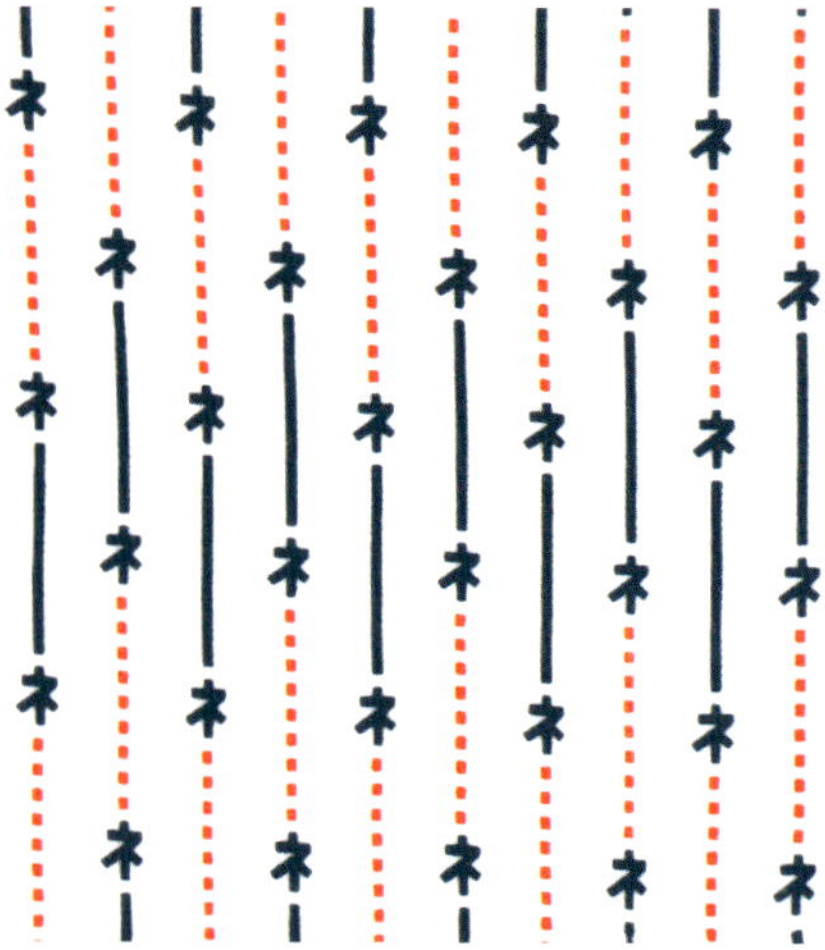

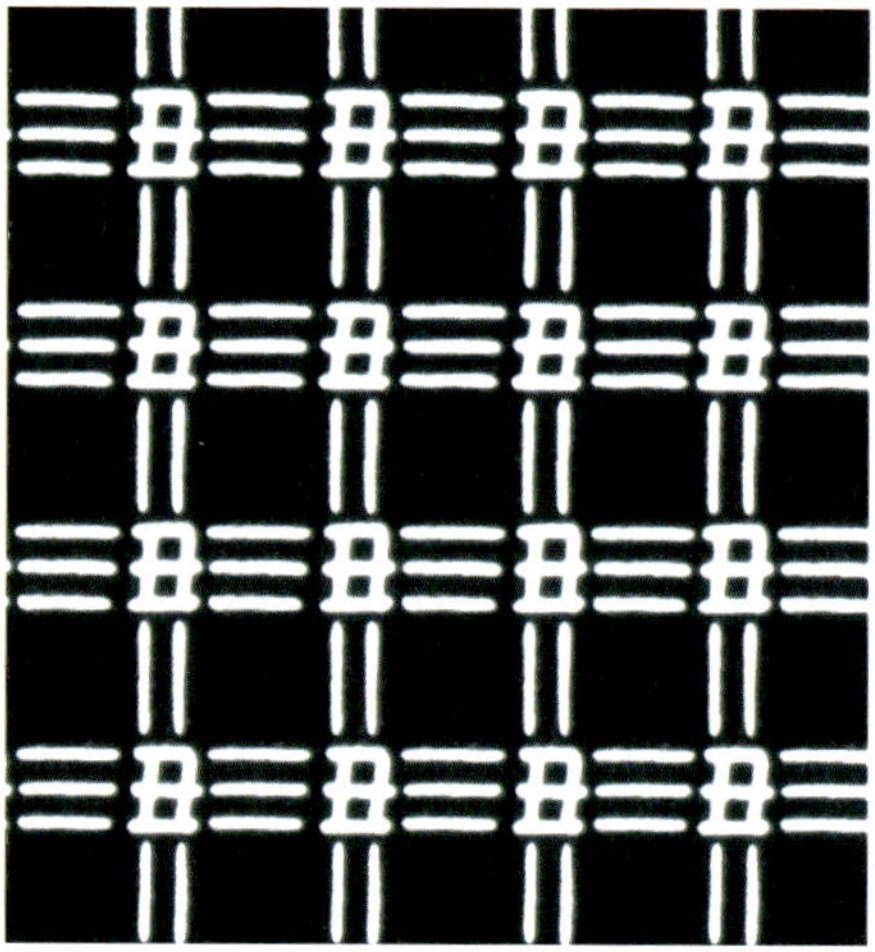

ネ
NE　Year of the rat

結
YUI　Year of the ox

寅縞
TORAJIMA　Year of the tiger

雪うさぎ
YUKI USAGI　Year of the rabbit

青龍
SEIRYŪ　Year of the dragon

午
UMA　Year of the horse

巳
MI　Year of the serpent

未
HITSUJI　Year of the sheep

模様

水玉、四角、ストライプ、
いろいろな模様がある。
ストライプといっても
表現方法は無限にある。
数字や文字も模様にすることで
新たな魅力を見せることができる。

模様は昔からあるのだが
表現の仕方で全く違ったイメージになる。
そこが、面白い。

日々

HIBI　Daily pleasures

昨日、今日、明日と続いていく日々。
同じくりかえしのような毎日。
でも、ふと目にした花の美しさを
流れゆく雲の美しさを感じるならば
人生は素敵な物語を語りはじめるだろう。

色は匂へど

IRO WA NIOEDO　Japanese alphabet poem

日本語のテキスタイルデザインを
作るのは、むずかしい。
現にほとんど見かけない。
しかし、この「素材」を使って
デザインするということは、
今の僕の役割でもある。

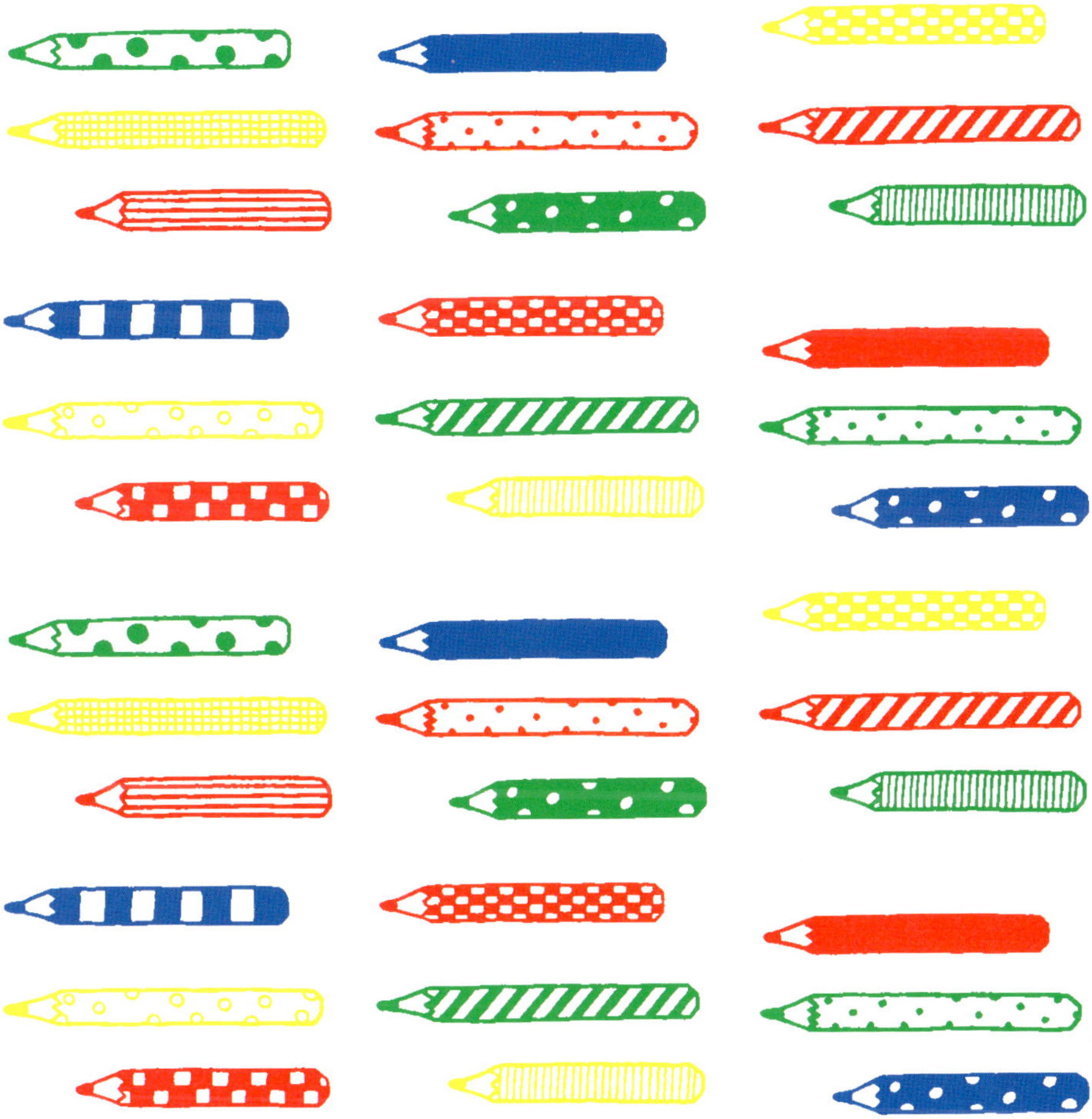

えんぴつ

ENPITSU　Pencil

僕は鉛筆が好きなので
毎日使っている。
目的によって2Hから10Bまで
使い分ける。
文章を書くときは、濃くて太目の
6Bくらいのものを使う。
鉛筆は木で出来ているので
それをけずるのも楽しい。
仕事を始める前にカッターナイフで
鉛筆をけずっていると
気持が落ち着き集中してくる。

Le Tour de Kyoto

Maillot blanc à pois rouge

この水玉柄は、フランスで行われる
世界最古の自転車ロードレース「ツール・ド・フランス」の
山岳部門賞（マイヨ・ブラン・ア・ポワ・ルージュ）を
制した選手に贈られるジャージの柄。
たくましい選手が赤い水玉のTシャツで
自転車に乗っているのはかわいくて素敵。

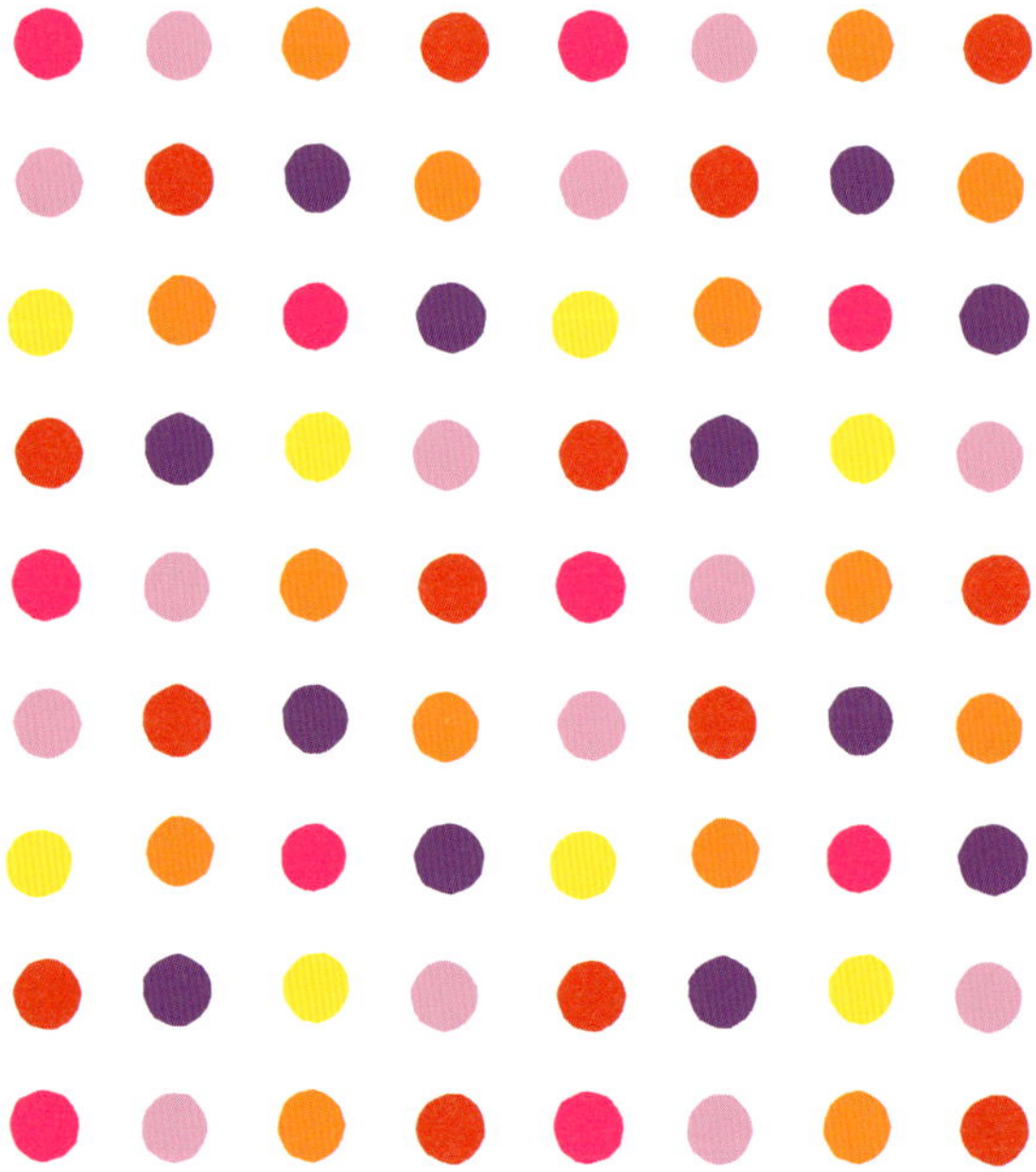

いろいろ

IRO IRO　Colorful polkadots

明るさ、鮮やかさ、
軽さ、新鮮さ。
キレイな色の水玉がキラキラ輝いていると
楽しい気持ちになってくる。

だんご
DANGO　Dumplings

だんごは米などの粉に水やお湯を加えてこね、蒸したりゆでたりした餅を小さく丸めたお菓子。素朴なもので独特の歯触りでほのかな甘味が舌に残る。三色の愛らしい丸い形が並んだ三色だんご。

シャボン玉
SHABONDAMA　Blowing bubbles

日光に映じて美しい色彩を見せてくれるシャボン玉。はかなくはじけ散ってしまう透明な玉は、夢をさそう。ひとりひとりの夢をのせてふんわりと大空へ。

SOU・SOU京都

SOU・SOU KYOTO　Colorful prime numbers

SO-SU-Uに色を入れ幾何学模様も入れた。
平面的な感じから奥行きのある感じになった。
白黒一色のが好きな人もいるだろうし、
カラフルなのが好きな人もいる。
デザインは多くの人に受け入れられて成立するもので、
そこが芸術とは違う。

SO-SU-U 昆

SO-SU-U KON　Prime number pals

これはたくさんのSO-SU-Uが
並ぶのをやめて自由にまじり合っている。
SO-SU-Uの弟分のような模様。

数遊び

KAZU ASOBI　Number play

「SO-SU-U」のバリエーションのひとつ。
SO-SU-Uはどのように変化させても魅力的。
SO-SU-Uはどんな商品になっても魅力的。
アイテムを選ばず性別を選ばず年齢を選ばず人種を選ばない。
SO-SU-Uのバリエーションはこれからも広がっていくだろう。

SO-SU-U とりどり

SO-SU-U TORIDORI　Crazy prime numbers

とりどりの色を使ってゴム印を押したような
雰囲気の数字をくっつき合せるように並べてみる。
すっきりした「SO-SU-U」を見なれた日には
ゴチャゴチャして見えるが、見方を変えると
実に楽しい雰囲気が出ている。同じ「SO-SU-U」でも
これだけ感じが変わるのかと改めて思う。

かな遊び

KANA ASOBI　Kana scramble

ひらがなの「そうそう」と
カタカナの「ルコックスポルティフ」の文字を使って、
テキスタイルデザインにしたもの。
ポップでかわいく親しみやすいものに。

チャリンチャリン

CHARIN CHARIN　Bicycle craze

僕は写生というのが得意ではない。
例えば自転車を頭の中のイメージで描くと
この「チャリンチャリン」のようになる。
でも目の前にある自転車を見て描くと
こんな楽しい自転車は描けず、
実につまらない写実的なものになってしまう。

ひこーきとくも

HIKÔKI TO KUMO　Vapor trail

地上から見ている雲は白くていろんな形があって
どんどん変化していく。
その上に乗って飛んでいけそうな感じがする。
でもひこーきに乗って見る雲は、ふわーっとした
実体のないものだ。ひこーきはその雲を物ともせずに
突き抜けて超スピードで進んでいく。

ひこーき

HIKÔKI　Airplanes

子どものころに憧れていた
ひこーきへの想いを描いてみる。
ひこーきに乗ったらどんな感じがするだろうか？
自分が住んでいるところはどんな風に見えるのだろうか？
そして自分の知らないところや未知の国への
夢と憧れは広がっていく。

箱

HAKO　Rectangles

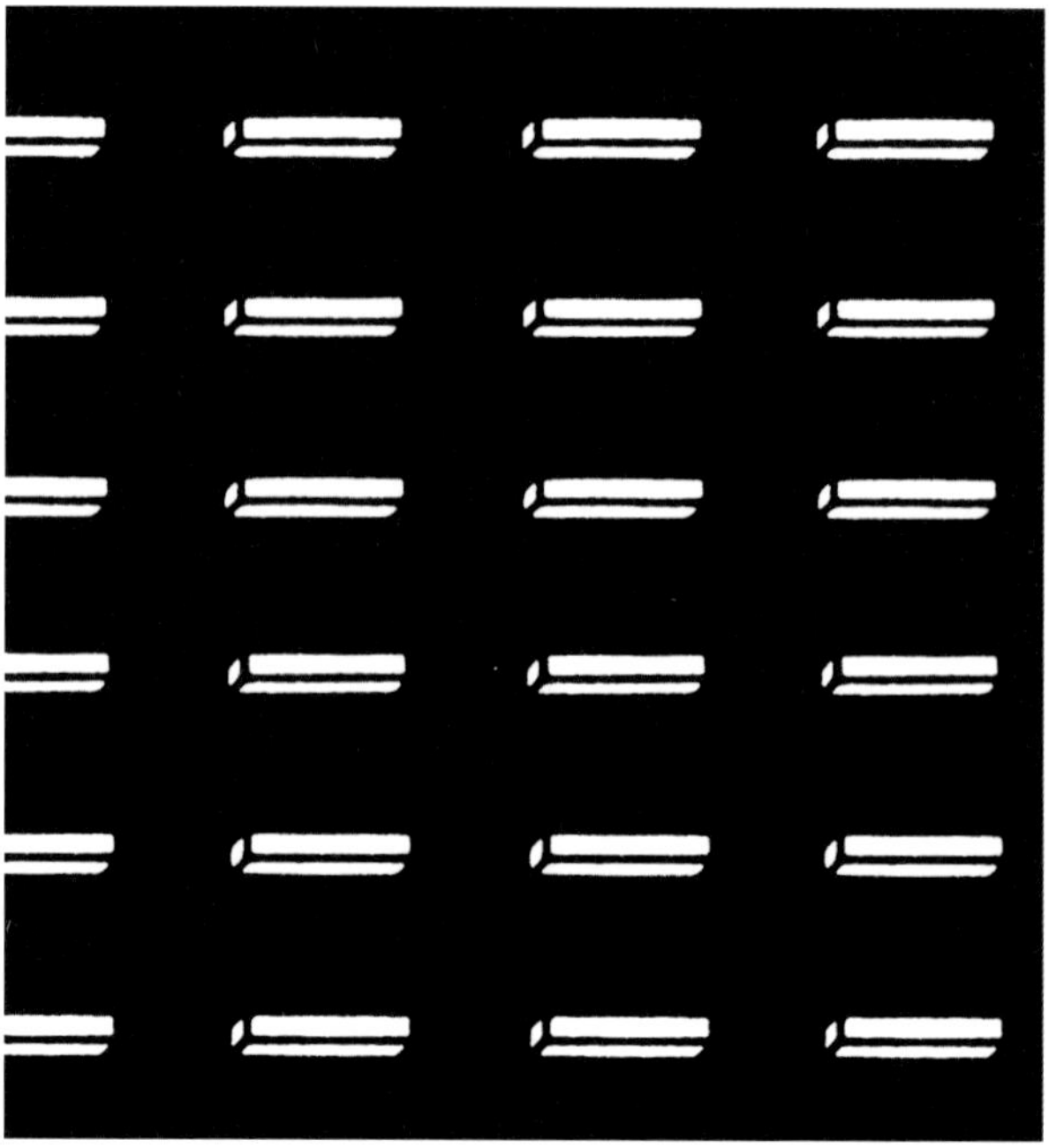

これは僕のデザインの中では
数少ない定規をつかって描いたもの。
立体を模様にすると硬い感じになり
布と合わないことが多い。
それでも、どうしても作りたかったもの。

八ッ橋

YATSUHASHI　Cinnamon cookies

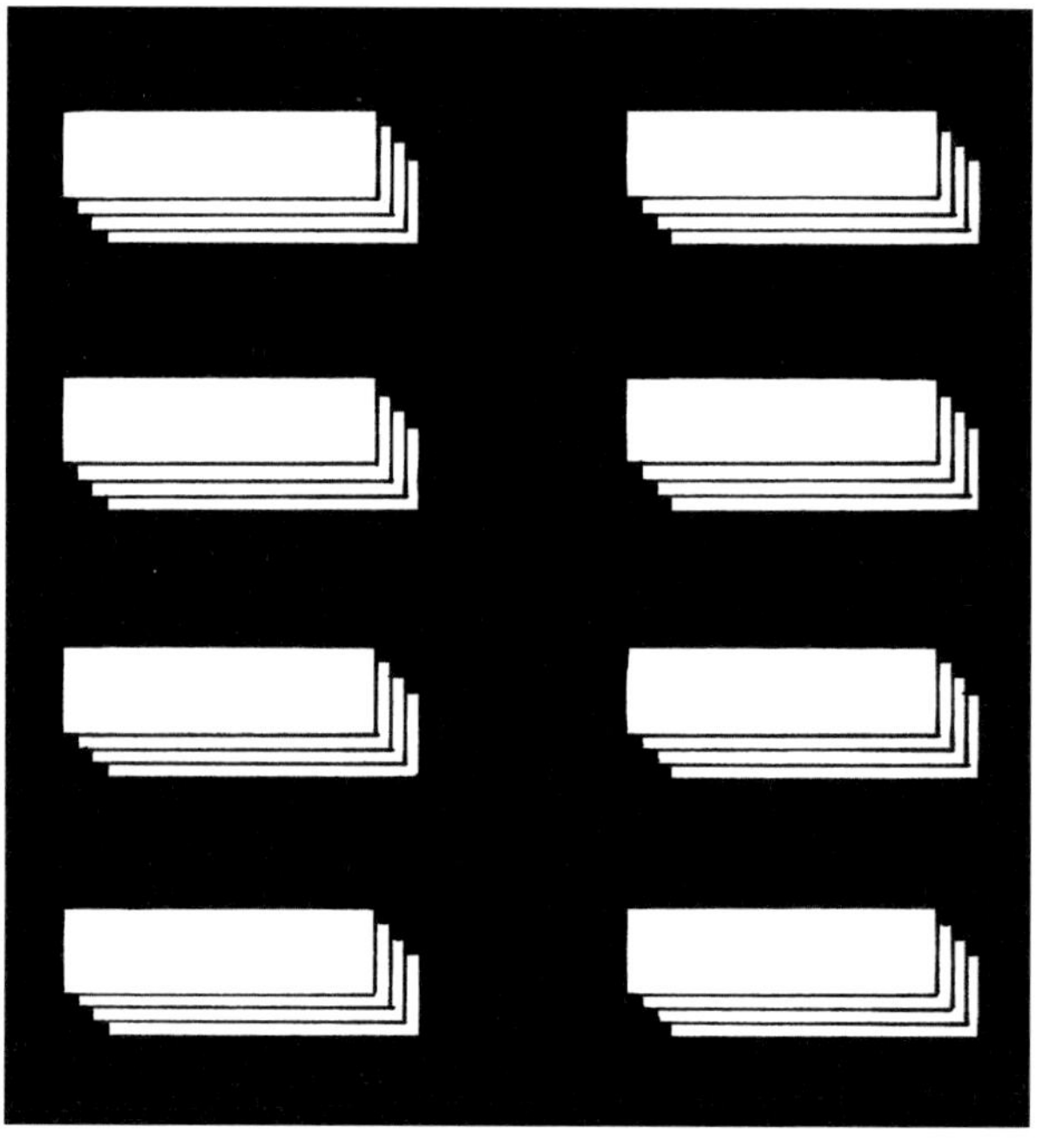

長方形を描いてそれをずらして重ねて
描いていくと、こんな模様になる。
白と黒の空間、その間にある重なりを表す線。
それだけの模様だが八ッ橋のようにも見える。

窓

MADO Windows

建物が立ち並んでいるのを描いていったが面白くない。
どんどん整理していったがどうしてもうまくいかない、
思い切って窓だけ残して全部ぬりつぶしてしまった。
微妙に違った四角が残り、そのリズム感と
思いがけない間《ま》がとてもいい。
最初から四角だけ描いていたら絶対出来ないデザイン。

だんだん

DANDAN Terraced pattern

「だんだん」を作ったのは二十代のころで、
幾何学的な模様に魅力を感じていた。
テキスタイルデザインは、花に代表されるように
やわらかい模様が好まれる。
シンプルで明快な、男性でも
好きになれるものを作ってみたかった。

横縞

YOKOJIMA　Over the waves

縞模様の布地は、古来より世界各地で作られてきた。
日本では縦縞、横縞、格子縞に区別され、
無数のバリエーションがある。
縞は太さが少し違うだけでも異なった印象をうける。
これは大海原を見るようなゆったりした横縞。

島

SHIMA　Islands

まわりを海に囲まれた小さな島に暮らしているのは
どんな感じがするのだろうか。
解放感がいっぱいだろうか。
それともとじこめられた感じがするのだろうか。
瀬戸内のゆったりした海に点々と島が並んでいるのを見ると
のどかでしあわせそうな光景が浮んでくるのだが…。

南蛮菓子 花

NAMBANGASHI HANA　Flower-shaped exotic biscuits

シンプルな花を描いたのだけれど、
出来上がってみるとビスケットのような
雰囲気になっている。
ストライプの海を渡ってきた南蛮のお菓子。

縦縞

TATEJIMA　Vertical stripes

縞は昔からある。そしてどこの国にもある。
似たようなものもあるが、それぞれ微妙に異なっていて、
それぞれの民族が風土の中で作り出してきたものだと思う。
僕が作る縞は日本人の血と若い日を送った
フィンランドの雰囲気が自然と出てくる。

窓あかり

MADOAKARI　Window beams

暗い夜道を歩いているとき、家の窓にあかりがついているのを見ると暖かいものを感じる。

家族が食事をしたり、話したりしているのだろうか。

人が生きて生活していることを窓あかりは感じさせてくれる。

闇

YAMI　Darkness

真っ暗な闇もおそろしいが、心の闇はもっとおそろしい。

先が見えずに悩んでいるとき、本当に何か見えてくるのだろうかと不安になってくる。

遠くに光が見えてきたときは、叫びだしたいほどうれしい。

それが、だんだん大きくなって光に満たされてくる。

すいぎょく

SUIGYOKU　Wild polkadots

水玉模様は、おしゃれにもなるし野暮にもなる。
かわいくもなるし上品にもなる。
何でもない模様でどこにでもあるので、なかなか手ごわい。
すいぎょくは、のびやかでやわらかい水玉を描いてみた。

あんこ玉

ANKO DAMA　Red bean dumplings

小豆のあんを手の中で転がして丸めたあんこ玉。
丸い形なのだけれど、どことなくへこんだり、
ふくらんだりしているところが、
親しみが湧くしおいしそうだ。
これを包みこんでおまんじゅうを作る。

万華鏡

MANGEKYŌ　Kaleidoscope

円筒形の筒をのぞきこんでクルクルまわすと中の模様がどんどん変化していく。何でもない形がからみあって無限の模様の世界がくり広げられる。つかの間の世界を見せてくれる万華鏡。

菓子

KASHI　Sweets

京都には、いろんな種類の干菓子があって季節ごとに変わっていく。型にはめて作られるのでシンプルで愛らしい形をしている。その素朴な形を並べてみた。

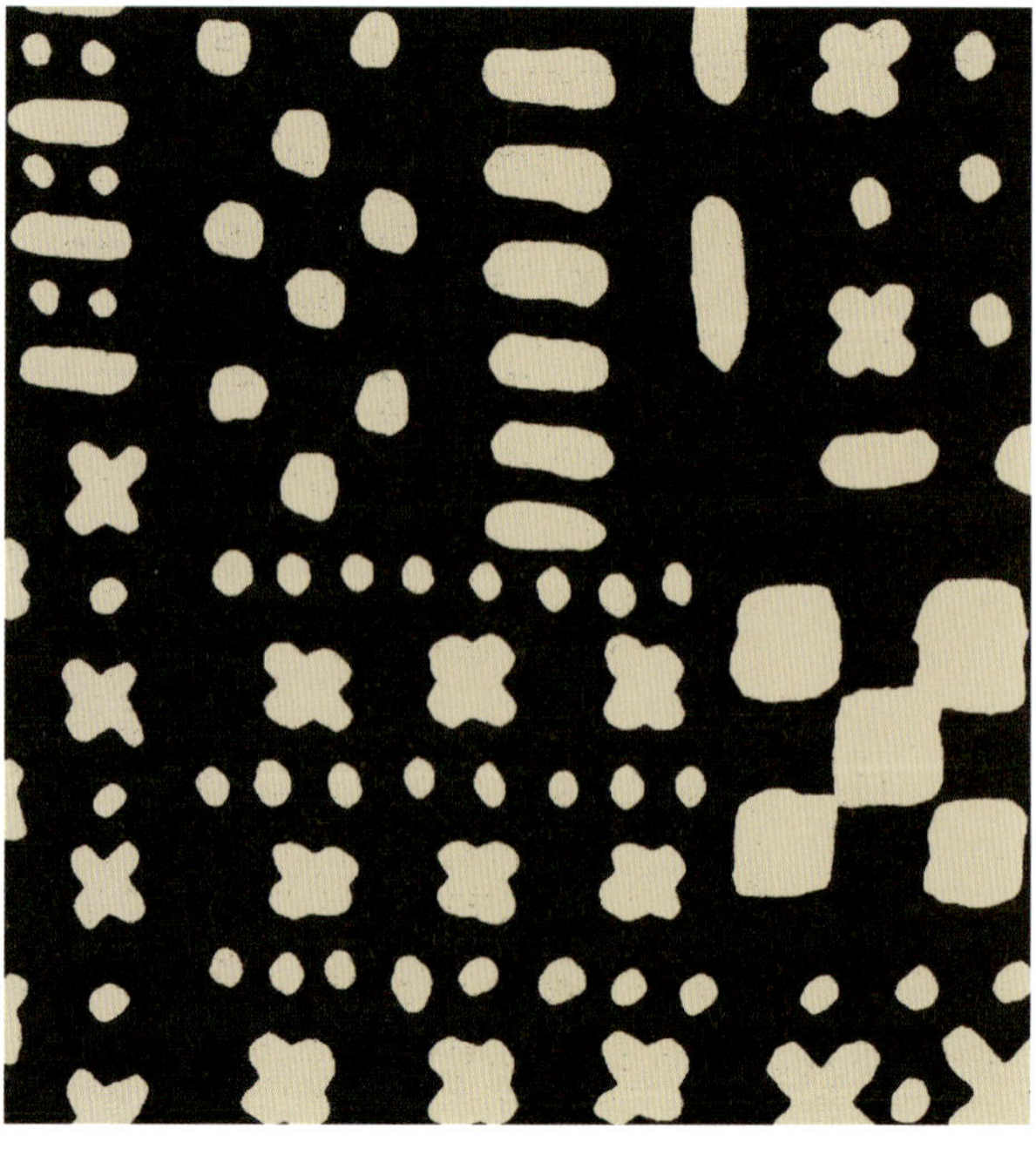

南蛮模様

NANBAN MOYŌ　Exotic flower motif

単純な花の形のビスケットを並べて描いていく。
次に四角いビスケットを並べていく、
そして小さめの花のビスケットを…。
遠い異国から来たお菓子を
モチーフにした南蛮風の模様。

お干菓子

OHIGASHI　Dry confectionery

季節の花や食べ物そしてお祭。水や雲、魚や鳥などが
鮮やかな色で表現されている。箱をあけた瞬間
「あーきれい」と思ってしまう。ひとつひとつは
小さいけれど、存在感があって見飽きない。
充分楽しんだあと、ひとつ口に入れてみる。
目と心と舌を楽しませてくれるお干菓子は、日本の文化。

タイル

TAIRU　Tiles

タイルとテキスタイルは同じ模様をくりかえすことで成立する。
イスラム教のモスクでは色鮮やかな青と白のタイルを
並べていって、壮大な壁面を装飾する。
テキスタイルは同じ模様をくりかえすことで布地を彩ってきた。
どちらも人間が考え出したすぐれものだ。

竹とんぼ

TAKETONBO　Bamboo dragonflies

昔の子どもはよく竹とんぼを自分で作って遊んだものだ。
ちょっとしたけずり方や力加減で飛び方が
変わってしまうので、子どもの創造力を
伸ばすにはもってこいのおもちゃだった。

鳶《とび》

TOBI　Men on scaffolding

高い塔や建物を建てるとき、まっさきに登っていって
仕事をする鳶師。足場もないような
危険な場所へ、ときには命綱もつけず挑んでいく。
目もくらむような高所での仕事に誇りを持って
立ち向っていくカッコいい男達。
鳶師は建築現場の華。

ビードロ格子

VIDRO KÔSHI　Vidro plaid

線で描いた格子の中にグレイや赤を入れてみる。
不思議なことにある透明感が出てきて、
ガラスのような感じがする。
それでビードロ格子と名付ける。

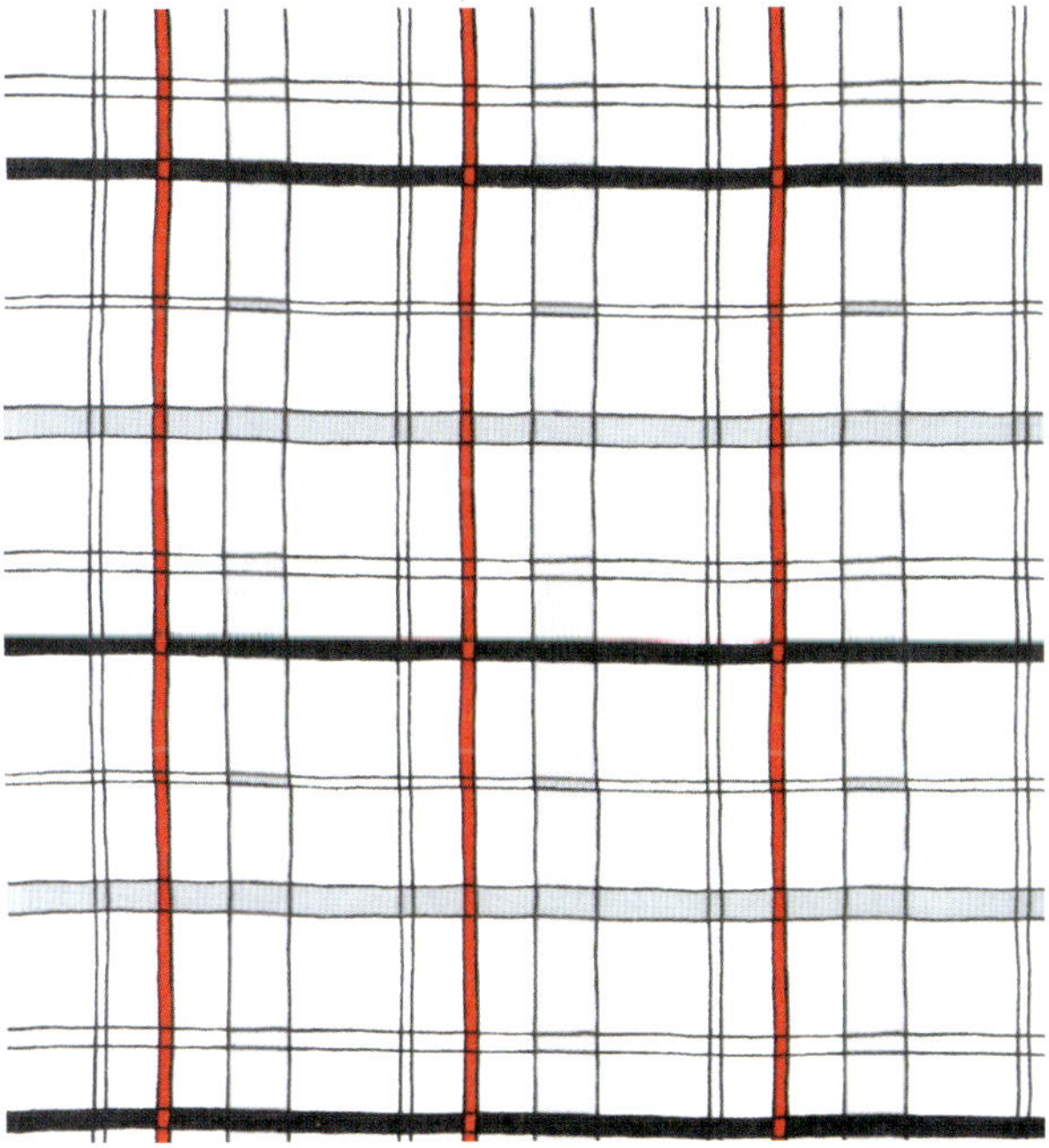

たまご
TAMAGO Eggs

筆で丸を描いて芯を入れる。
ただそれだけの柄。
ふと思いついて描いたもので
そのときの自分の空気をうまくとらえていれば
それが魅力になる。
いつもうまくいくわけではない。

格子戸
KŌSHIDO Lattice door

このデザインのように
細かいテクスチャーを使うのは、
僕が好きな手法のひとつだ。
これは少しずつ違うテクスチャーで
格子戸が並んでいるような感じを表現した。

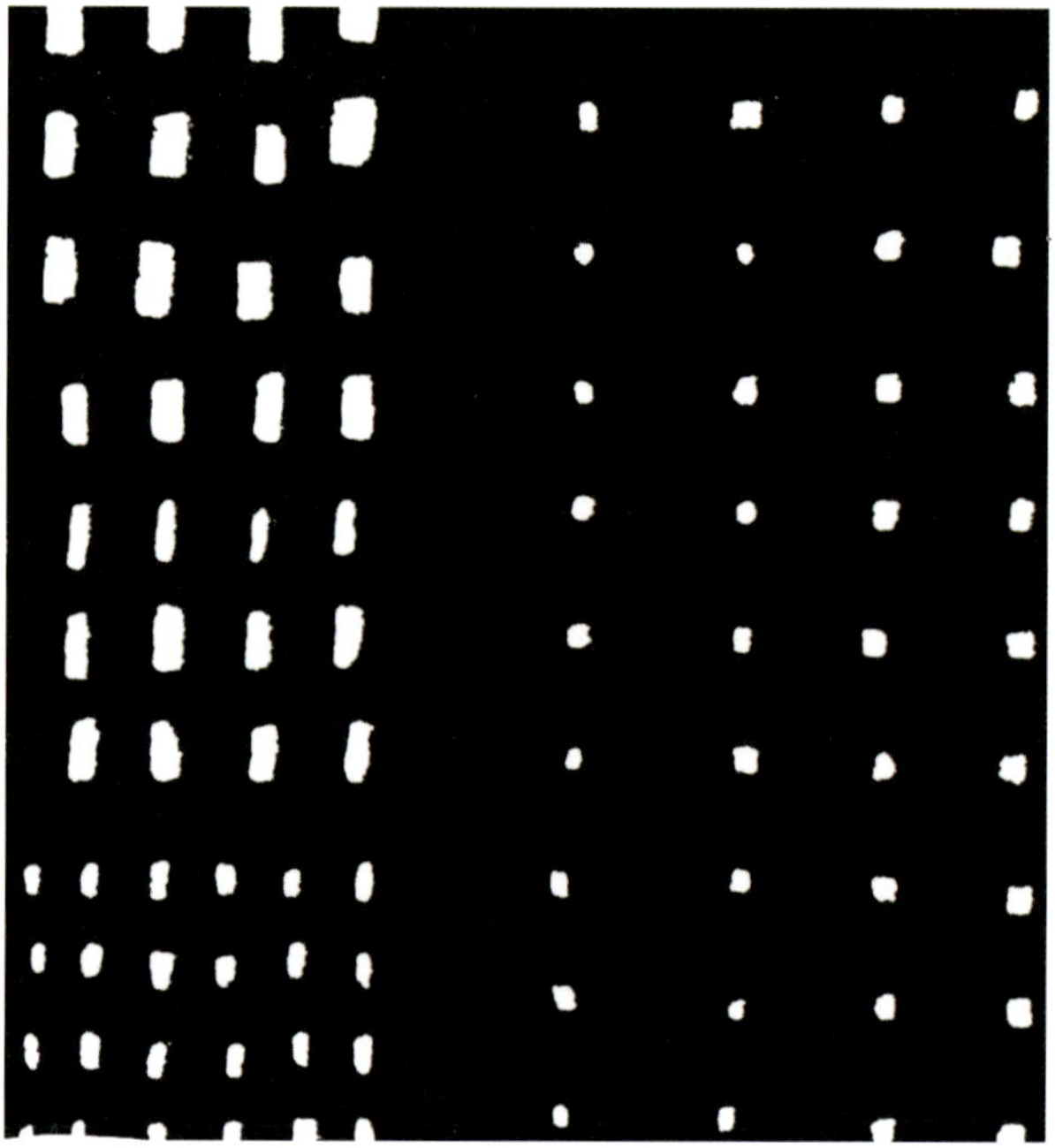

文様

MONYŌ　Pattern

世界中、人が住んでいるところには文様がある。
その国の、その地方にしかない独特のものがある。
しかし古い時代の文様には世界に似たものがある。
それらは単純で抽象的な文様で力強くたくましい。
文様の原点にあたるものだろう。

ほのぼの

HONOBONO　Heartwarming

筆にたっぷり絵の具をつけてやわらかい気持ちで四角を描く。
肩の力を抜いて、でも気持は集中してゆっくり描く。
ひとつ描いて空間をとって又ひとつ描く。
並んでいるように描いていても少しずつずれてくる。
ほのぼのしていて面白い。

時代

JIDAI　Time periods

人は自分の考えで行動していると思っている。
しかしそれは自分が生きている時代の枠の中でのことだ。
人は時代とともに生き時代とともに死んでいく。
いずれにしても、人は自分が生きている
今の瞬間を精一杯生きるしかないしそれでいいのだと思う。
時代はすべてを包み込んで流れていく。

涼

RYŌ　Cool breeze

毎年、夏はどんどん暑くなっていくようだ。
少しでも涼しくなりたいといろんなことを考える。
クーラーや扇風機はもちろんだが
見た目の涼しさも大事。
真白い服を着たり涼しげなしつらいも
気持ちのいいものです。

たてよこ

TATE YOKO　Horizontal & vertical stripes

縞は大昔からある永遠の模様。
それを縦横に組み合わせると又、違った世界があらわれてくる。
四十年以上、模様にかかわっているけれど、
どこにでもある、何でもないモチーフを用いながら、
印象に残る何かを作っていくことに醍醐味を感じる。

よろけ縞

YOROKEJIMA　Wavey stripes

定規を使わず手書きで線を引いていく。
一本一本はよろけているが、
全体としては崩れていない。
シンプルだが味がある。

わらべぎ

WARABEGI　Children's clothes

わらべぎはシンプルなものから
遊び心いっぱいのもの、
シックなものから大胆なものまで
いろいろあっていい。
こんな服を着た子どもが遊んでいたら、
かわいいことだろう。

大自然

DAISHIZEN　Nature in kanji

天から雨が降り木を伝い
山をうるおし地にしみこんでいく。
長い年月をかけて
おいしい水となって湧き出てくる。
人は大自然からの恵みのおかげで
暮らしている。

水筒

SUITŌ　Water bottles

昔、水筒。今、ペットボトル。
ペットボトルは安価で買えるし軽くて便利。
でも自分が好きなお茶や飲み物は
お気に入りの水筒に入れて持っていきたい。

家

IE　Home

万年筆で大好きな家を描く。
家にストライプや水玉を加えて並べていく。
一色の線だけの絵だけれど
僕としてはとても満足なデザイン。

縞模様

SHIMA MOYŌ　Stripes

縞を組み合わせただけだが、
あまり見ない不思議な縞模様になった。
模様というのは面白いもので、何でもないものも、
組み合わせや間《ま》の取り方でまったく新しいものに生まれ変わる。
考えてみるとこれはいろんなことにあてはまることかもしれない。
人と人も組み合わせ次第とも言える。

花がさね

HANA GASANE　Layered flowers

四十年以上、テキスタイルデザインをやってきて、
いつの時代にもどこの国でも花柄は人気があったので
花のデザインはいっぱい作ってきた。
それではもう描く花がないかというとそうでもない。
花を重ね合わせるというアイデアでやってみると又、
いままでとは違った雰囲気が出てくるから不思議だ。

つながり

TSUNAGARI Connections

ひとりの人ともうひとりの人の
ある部分がかさなり合う。
それが又別の人のある部分と
かさなり合って人と人とがつながっていく。
それが人が生きていく力になっていく。
人はひとりでは生きられない。

輪になって

WA NI NATTE Circle dance

家族が輪になって…
友達が輪になって…
はじめて出会った人達が輪になって…
動物達も輪になって…
さあみんな一緒に輪になって踊ろう。

ころころ

KORO KORO　Roly poly

四角がころがっていく。
丸もころがっていく。
いろんな色が楽しそうにころがっていく。
ころころ　ころころ　ころころ　ころころ。

重ね

KASANE　Overlap

青い線を引く。赤い線を引く。
その上に重ねて緑のストライプを描く。
赤い水玉を重ねる。
描いているうちにひらめく瞬間がくる（いつもではない）。
そうなればしめたもので
人に魅力的だと感じてもらえる何かがうまれてくる。

おままごと

OMAMAGOTO　Playing house

何才ぐらいからだろうか。
女の子は大人が家の中でしていることを真似て遊ぶ。
食卓をつくり小さなお茶わんやおはし、お皿を並べ
食事をしているところを演じてみる。
お母さんになったり子どもになったりしながら
生活のいろんな場面を楽しみながら身につけていく。

婆《ば》娑《さ》羅《ら》

BASARA　Fusion

まったく別々に作った模様をつなげてみる。
当然のことながら合わないことが多いが、
中には思いがけない魅力に出会うことがある。
奇抜な派手さから婆娑羅と名付けた。

街
MACHI　Town

大きい道や小さい道、路地もある。
交差点があり信号が点滅し車が行き交う。
表通りにはビルが立ち並び一歩中に入ると家が立ち並んでいる。
ここには仕事があり暮らしがある。
僕は街中で育ったので、にぎやかな街にいると落ち着く。

遊園地
YŪENCHI　Amusement park

観覧車がまわる。
小っちゃな汽車が子ども達をのせて走る。
メリーゴーランド、ジェットコースター、
喚声がこだまし笑い声が広がる。
遊園地で夢や憧れや冒険心をひととき満たし
そしていつもの生活に帰っていく。

銀河系

GINGAKEI　Galaxy

太陽のまわりをまわっている惑星は
大きさ、色、たたずまいがそれぞれ違い
独自の軌道を飛んでいる。
大宇宙の中で孤独に静かに
太陽のまわりをまわっている。
想像すると果てしない無限の世界へいざなわれる。

月と星

TSUKI TO HOSHI　Moon and stars

満月の夜、半月や三日月の夜、
それぞれの趣があって美しい。
雲とたわむれながら闇とたわむれながら
月はめぐっていく。
星や月の光をあびながらゆっくり歩く。

縦横無尽

JUUÔ MUJIN　Free connections

たて よこ ななめと
あらゆる方向に線が走り、上になり下になり
重なり合いからみあって模様になっている。
とらわれることなく縦横無尽。

墨《ぼく》

BOKU　Black ink

墨のあとも鮮やかに一気にまっすぐに筆を走らせる。
筆はサインペンや鉛筆と違ってその人の感じや
その日の気分が隠しようもなく表れる。
筆と墨の表現はなかなか微妙で奥が深い。

京都

KYOTO　Kyoto grid

京都の地図を見ると、
このデザインのように縦横が
きれいに並んでいる。
京都で育った僕には
東京のような街は
方向がわからなく、なってしまう。

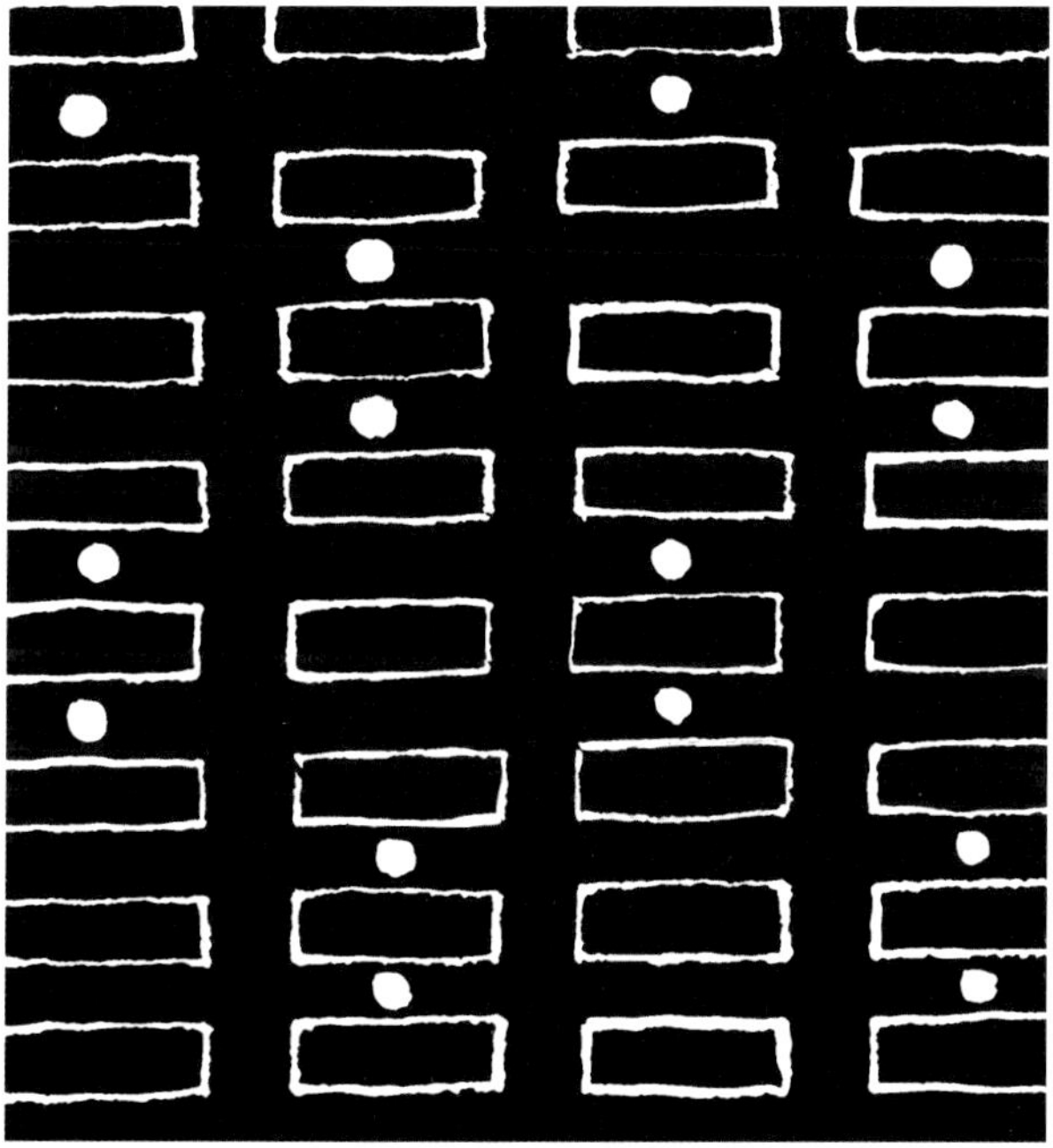

紙吹雪

KAMI FUBUKI　Ticker tape

ニューヨークの街を優勝パレードが通り、
ビルの上から小さく切った新聞紙が
吹雪のようにばらまかれる。
芝居の舞台では演じる人の上に紙の雪が舞い落ちる。
紙吹雪が舞うと、華やかさや情緒が湧き上がってくる。

層
SOU Stratum

ふくれ織
FUKURE ORI Tactual weaving

人柄
HITOGARA People everywhere

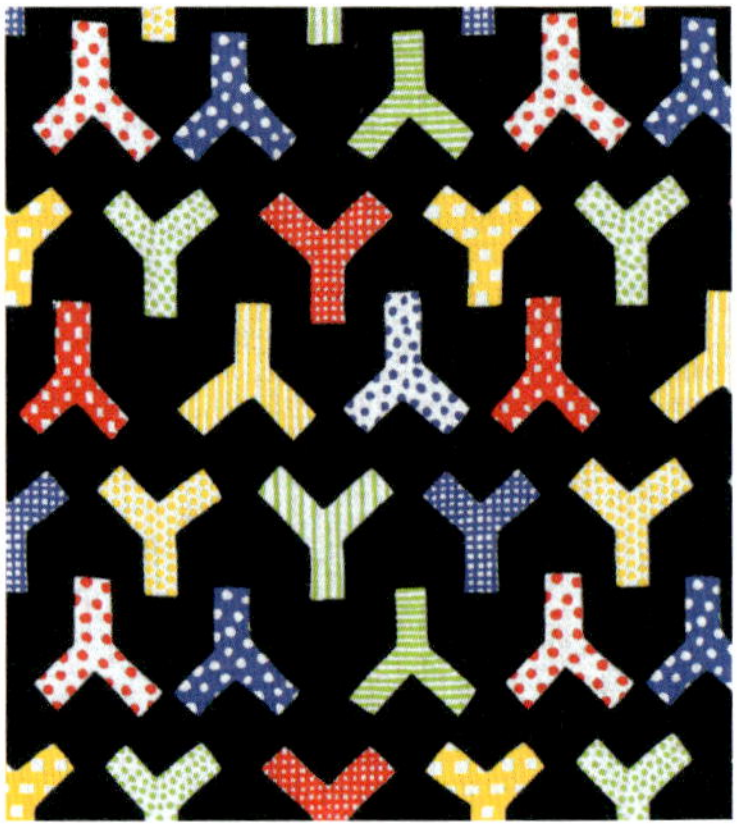

やたら編み
YATARA AMI Crazy knitting

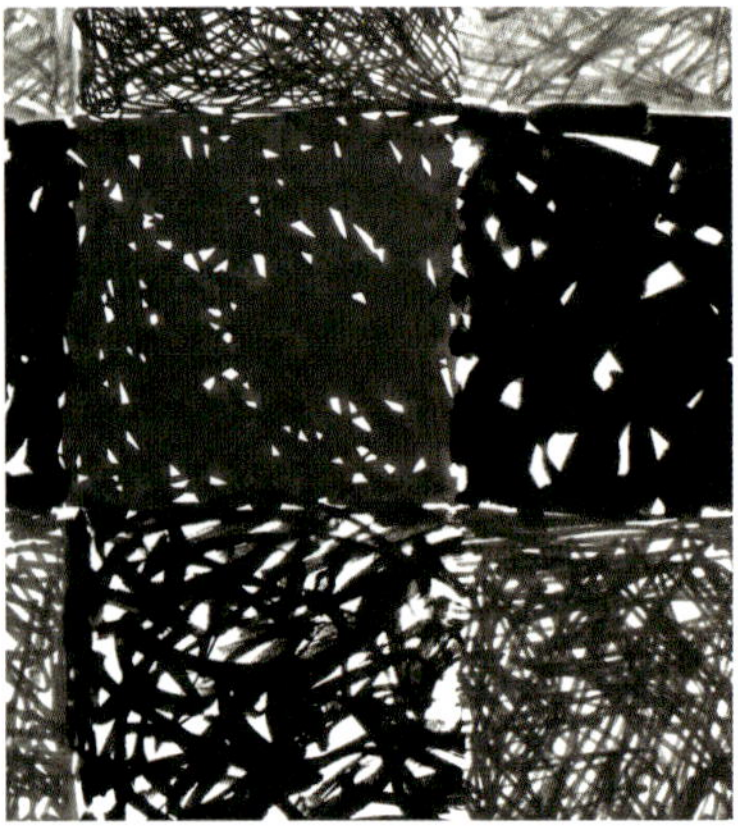

影
KAGE Shadow

ならび
NARABI Lining up

織り
ORI Weaving

きらり
KIRARI Flash of light

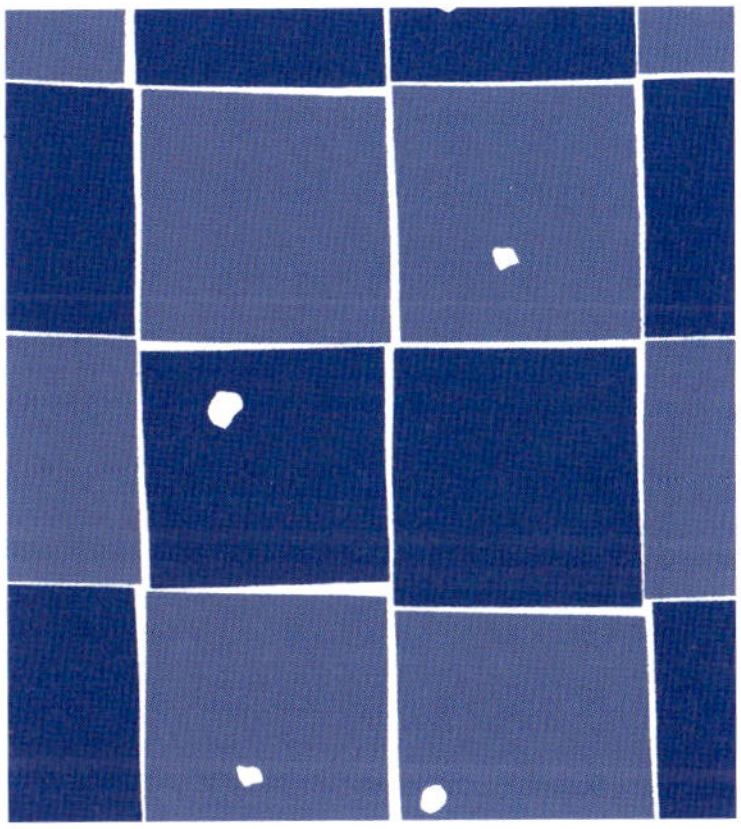

つぎはぎ
TSUGIHAGI Patchwork

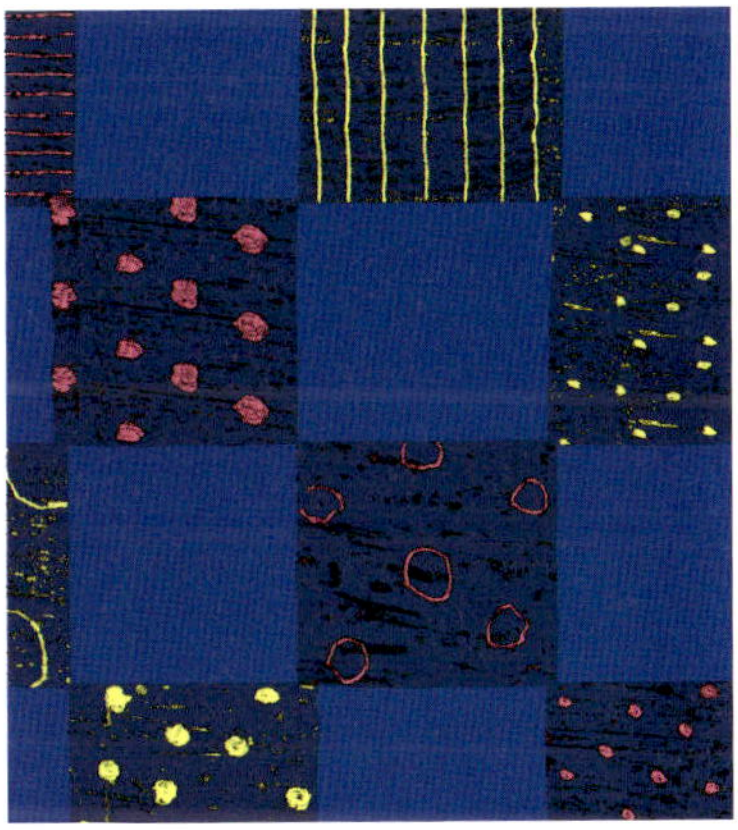

あみもの
AMIMONO Knitting

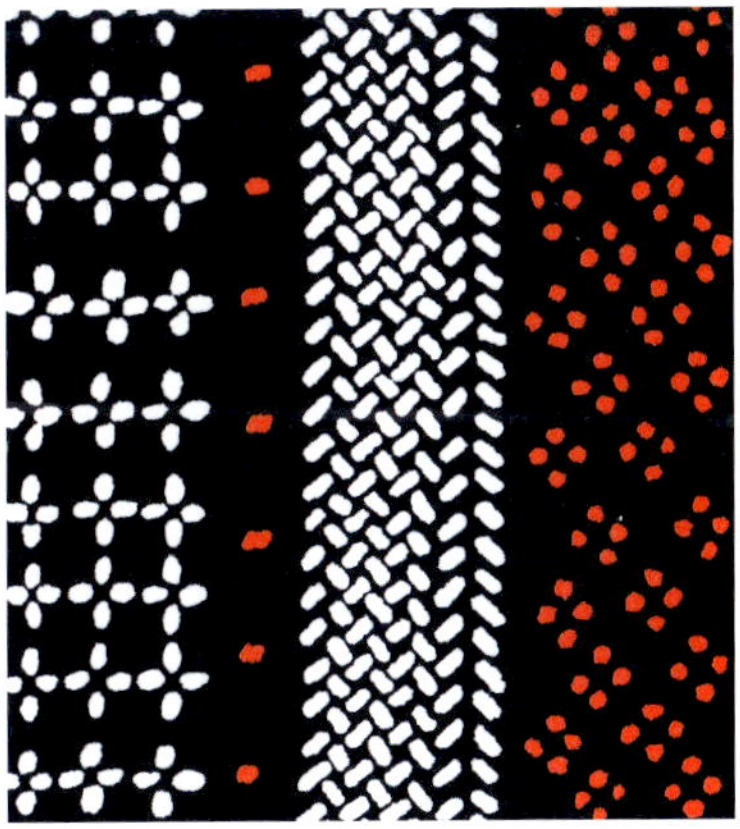

がんじがらめ
GANJI GARAME All tied up

玉のれん
TAMANOREN Polkadot curtain

東欧
TOUŌ Eastern Europe

混沌
KONTON Confusion

間
MA Spatial fun

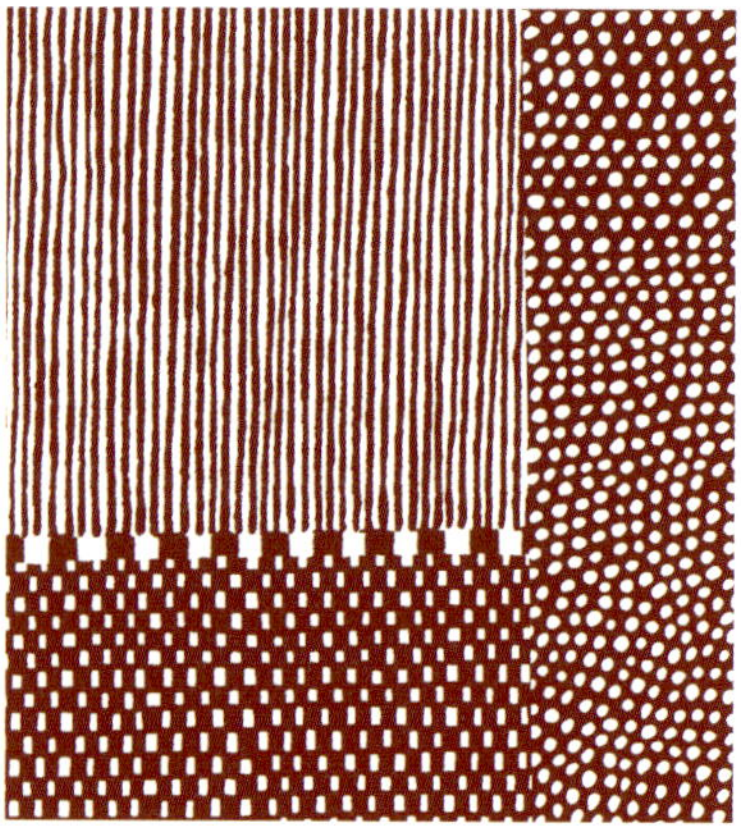

縞々
SHIMA SHIMA Stripey Stripes

縄梯子
NAWABASHIGO Rope ladder

とり
TORI Birds

花びら
HANABIRA　Flower petals

琥珀糖
KOHAKUTOU　Sugar jewels

CMWC2009東京
CMWC 2009 TOKYO

折り紙
ORIGAMI　Folded paper flowers

仲間
NAKAMA　Animal friends

わならべ
WANARABE　Circle line-up

ぷくぷく
PUKU PUKU　Bubble

かたかた
KATA KATA　Unbalance

ぐるぐる
GURU GURU　Loop da loop

いもばん
IMOBAN　Potato prints

輪ゴム
WAGOMU　Rubber bands

網戸
AMIDO　Screen window

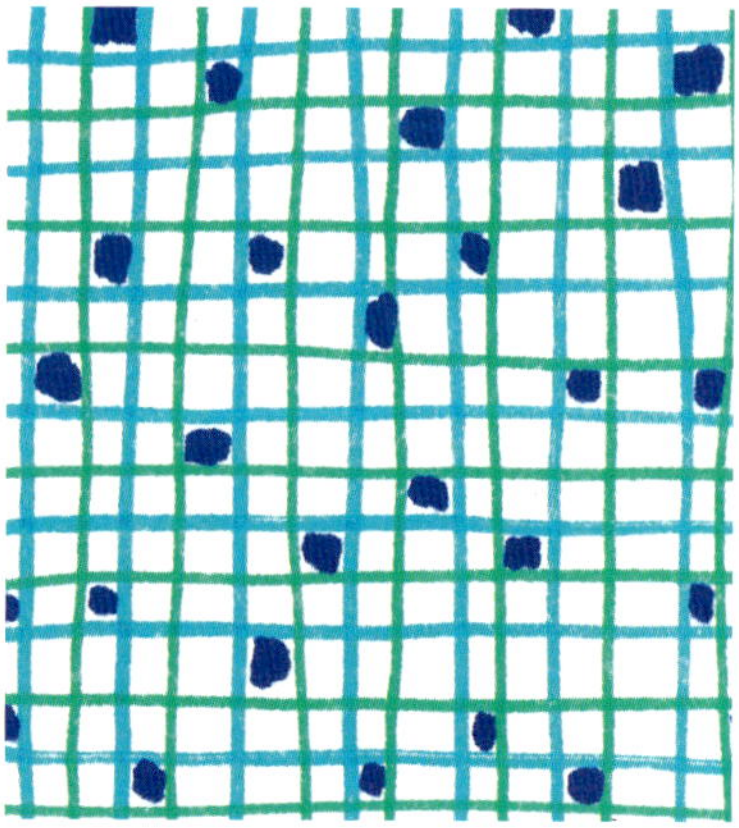

糸取り

ITOTORI　Delicate weaving

うたかた

UTAKATA　Ephemeral

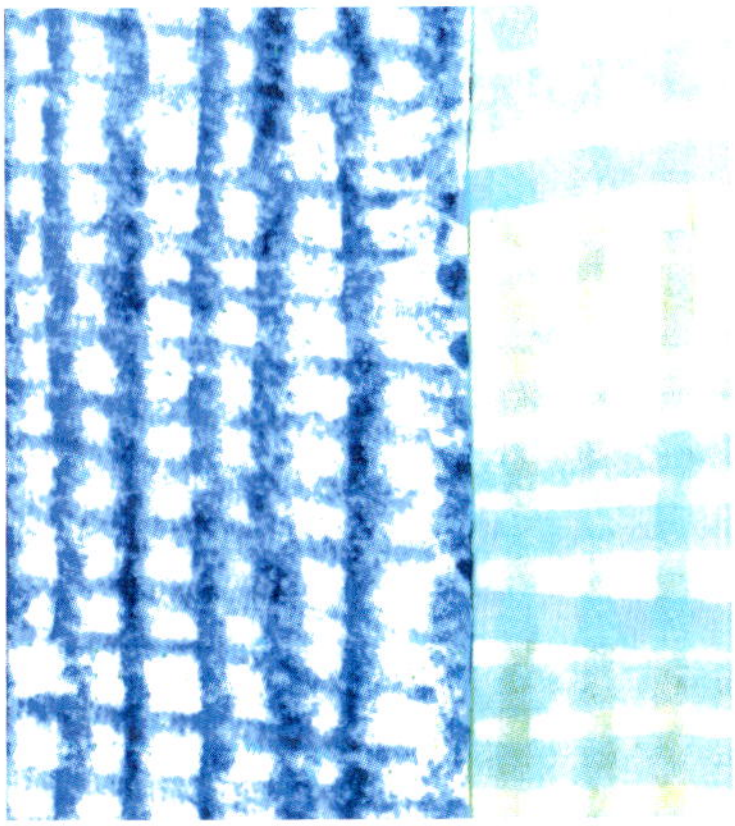

格子あそび

KŌSHI ASOBI　Plaid creations

炭酸水

TANSAN SUI　Fizzy water

ささやき

SASAYAKI　Whispers

縞がさね

SHIMAGASANE　Overlapping stripes

名物裂が生まれるまで

デザインアイデアが生まれた瞬間、
柄に込められた作り手の思い、
最終的に一枚の布になるまでの試行錯誤。
完成したテキスタイルの数だけ、
それぞれが持つひそかな物語が存在します。
ここではSOU・SOUでも特に人気の高い
七つのテキスタイルのエピソードを、
貴重な原画やスケッチとともにご紹介します。

SO-SU-U

SO-SU-U　Prime numbers

世界中で広く使われているアラビア数字は
シンプルでわかりやすく国籍をこえて
広く親しまれている。
記号としてすぐれているだけではなく
魅力的な形をしている。
でもあまりに普遍的なものなので
独特のものを作るのはむずかしいかと思った。
しかし作りたいものが出来たと思う。

2 0 8
4 1
5 7
6 3
7 8 1
0 9
2 6
3 7

SO-SU-U

SO-SU-U

「SO-SU-U」は、もとはワコールのために作られたテキスタイルでした。脇阪氏としては非常に気に入っていたものの、顧客の需要に合っていなかったのか、商品とテキスタイルの相性がよくなかったのか、発表当時はあまり話題になることはありませんでした。

SOU・SOU立ち上げ当初、脇阪氏の家に初めて訪れた若林氏が、この柄を見て「ブランドのロゴがなくてもそれとわかる、象徴的なテキスタイルになる」と白羽の矢を立てたのが、このSO-SU-Uでした。

「アラビア数字というのはとてもよくできていて、これほどユニバーサルなモチーフは他にない。模様としてもポップであり、国籍、性別、世代を問わずに広く認識されている。この数字のテキスタイルを作りたいという強い想いがあった。まず筆で数字を描いて、黒で数字の外側を塗りながら輪郭を作っていった。少しいびつな数字が、いい味になって、シンプルだけれど独特の柄が出来た。自分が作りたいものを作ることができたと感じた」。

若林氏のディレクションを経てもう一度表舞台に立ったSO-SU-Uは、爆発的なヒッ

原画の配色違い 1

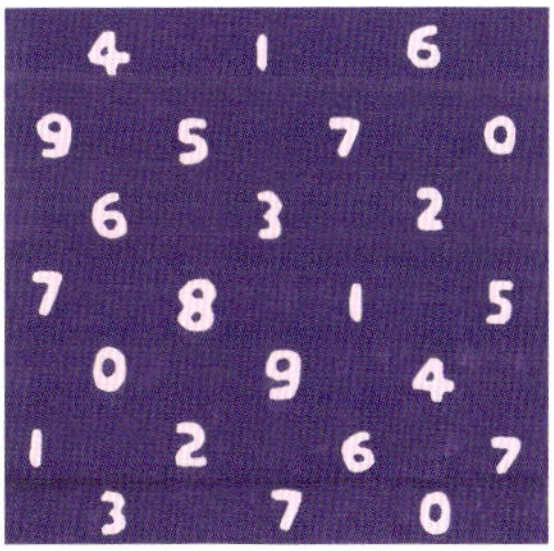

原画の配色違い 2

トを記録し、思惑通り「SOU・SOU」のアイコン的存在に。包装紙やショッピングバッグに使われているほか、衣服から小物まで、実にさまざまな商品に姿を変えて現在も店頭に並び続けています。発表から既に一十年以上が経過していますが、いまだ強い存在感を放っており、少しも古びることがありません。

ちなみに、若林氏が名付けた「SO-SU-U」は「素数」ではなく「十数」。十個の数字、という意味だそうです。

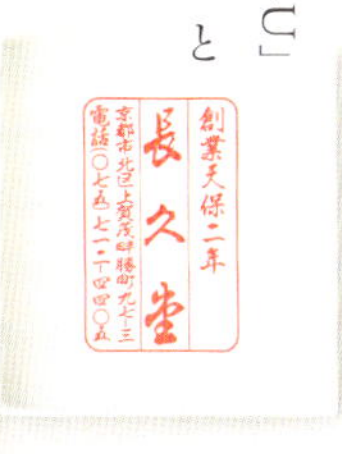

「思い思いの方向に向かって無心に生える、松の自由な姿。テキスタイルデザイナーという仕事をしていると、スケッチも上手なのだろうと思われがちだが、実は僕は写生が苦手で、スケッチは面白くもなんともない、つまらないものになってしまう」。

SOU・SOUの仕事において、さまざまな種類の花や木をテキスタイルに描いてきた脇阪氏ですが、実物を見ながら描いたものはひとつもないのだとか。もちろん資料として写真を見ながら描くことはありますが、それはあくまで自分のイメージを表現するための参考として。脇阪氏が描く花や木は、彼の心のなかにあるイメージとしての花や木なのです。

「松は松らしく」の松の木もそうやって描かれたもので、リアルな松ではありません。図鑑などで本物の松を見ていただくと一目瞭然ですが、本当の松は、こんなふうな生え方、枝の付き方は見せません。だけど、この非現実性こそがこのテキスタイルの魅力。写実的に描かれた松よりもずっとのびやかで愛らしく、眺めるたびにある種の心地よさが漂います。

さらに、本物とは程遠い描かれ方をしているのに、誰が見ても松だとわかるところも面白

松は松らしく

MATSU WA MATSU RASHIKU

完成したデザイン

いポイントになっています。

テキスタイルデザインの楽しさや面白さをたっぷり味わえる、ポップでユニークな存在感。男性からの人気がとても高い、SOU・SOUを代表する柄のひとつです。

「松は松らしく」アイデアソース 1（はがき）

「松は松らしく」アイデアソース 2（はがき）

「松は松らしく」アイデアソース３（はがき）

「松は松らしく」配色替えの色指定指示書

元となったダンボール作品

ほほえみ

HOHOEMI

扇子用に描いた原画1

扇子用に描いた原画2

「ほほえみ」は、脇阪氏が純粋に作りたくて作った段ボールの立体作品が元になっています。脇阪氏はこの作品がとても気に入り、ずっとアトリエの壁に貼っていたのですが、プロデューサーの若林氏は何度アトリエを訪れてもこの作品には無反応。ところが一年ぐらいしたころに突然ピンと来たようで、「脇阪さん、これをテキスタイルにしましょう！」ということに。若林氏曰く、「小学校三年生のころはなんとも思っていなかった女の子を、六年生になって初めて好きになるような……。『ほほえみ』というテキスタイルは、そんな感覚で生まれました」。

　飾っていた立体作品をトレーシングペーパーで写し取り、平面のデザインに描き直すところから作業がスタート。花の大きさを変えたり、組み合わせを変えたりと、いろいろと試してみましたが、試行錯誤の末、結局もとのままのシンプルな形に落ち着くことに。レピート（繰り返しによって成り立つテキス

完成したデザイン

ダンボール作品をトレースしたもの

タイルのいちばん小さな単位）も、ただ花がふたつ並んでいるだけの、とても単純なテキスタイルになりました。

「とてもシンプルな仕上がりの柄なので、自分ではどうかなと思ったけれど、結果的にこの柄はとても人気の高いものになった。あれこれ手を加えてこねくりまわしたものよりも、力まずすっと出来たものの方が、人の心にまっすぐ入っていくのかもしれませんね」。

菊づくし

KIKU ZUKUSHI

脇阪氏は二十五年前から毎日欠かさず、妻に一日一枚の絵はがきを送り続けています。既に一万枚を超えているそのはがきは、テキスタイルデザインの貴重なアイデアソースにもなっています。

「菊づくし」も、二〇〇七年のはがきに描いた絵を原案にして生まれたテキスタイル。「描いた当初は、こんなにヒットするとは思っていなかったので、とても不思議な気持ち」というくらい、気負いなく生まれたものでした。

「菊というのは、小さな花びらが何層にもなっているので、増やしたり減らしたりしながらイメージを修正することができる。花の中でもとても描きやすいモチーフなので、僕はよく使っている」。

原画の配色違い

完成した原画

はがきの段階では黒いふちでくくって菊を描き、バックに白い空間が空いていました(次頁参照)。それをびっしり詰めて描いたのが緑地の原画(二〇四頁右)。ところが実際に商品化されたのは、白いくくりにカラフルな菊のテキスタイルでした(二〇五頁)。この展開が「菊づくし」をここまでポピュラーにした要因だと脇阪氏は言います。「いわば作曲―脇阪、編曲―SOU・SOU。その編曲が時代の空気をよくとらえていたのだと思う。こういうことが重なって、僕が考えているテキスタイルの固定観念が突き崩され、柔軟な自分になれたのだと思う」。もっとポップにという若林氏の要求は、ここでも生かされています。

実際に商品化された配色のデザイン

「菊づくし」アイデアソース1（はがき）

「菊づくし」 アイデアソース 2（はがき）

完成した原画

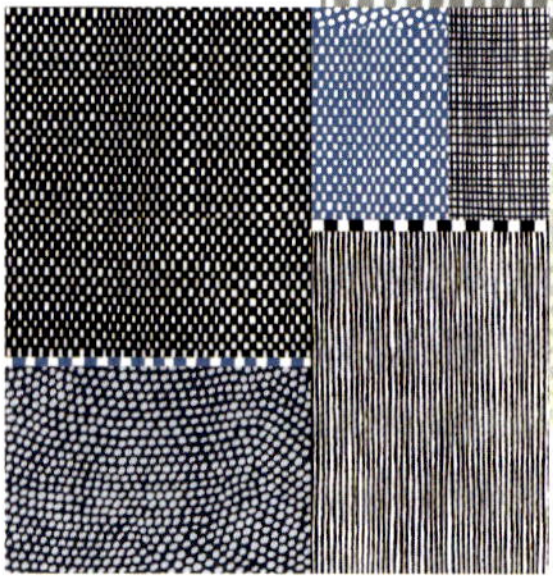

実際に商品化された配色のデザイン

間がさね

MAGASANE

「間《ま》がさね」は、七〇年代後半にワコール時代のファーストコレクションで作った「間《ま》」というテキスタイルが元になっています。「間」の制作当時、脇阪氏はNYを拠点にして仕事をしていました。

　水玉や格子柄、ストライプ。異なる柄を互い違いにつなぎ合わせたような構成になっている「間がさね」の面白さは、テキスタイルが衣服や小物に姿を変えた際、布のどこを切り取ったかによって、色や柄の見え方が変わること。そして、そのどれもが選ぶのに迷ってしまうほどに魅力的であるということ。そこには、「テキスタイルデザインは、どこをどう切り取っても、どんなに小さな端切れになっても観賞や使用に堪える間《ま》を持つべきである」という脇阪氏のポリシーが込められています。

　「『間がさね』が完成したとき、自分のなかで漠然と描いていた『こんなものが作りたい』というイメージが、ようやくひとつの形になった気がした」。

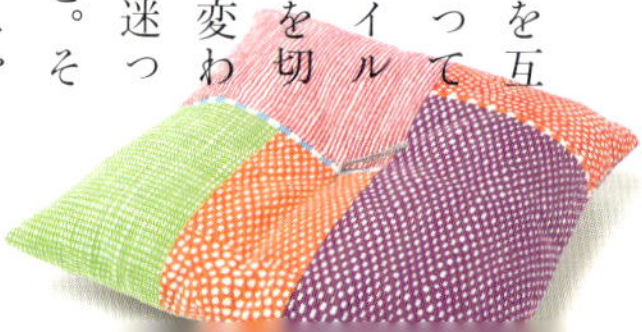

テキスタイル名が体現する通り、日本の美意識を感じさせる繊細かつ斬新なデザイン、そして、眺めているだけで気持ちが柔らかくなるような優しい佇まい。「間がさね」は、海外の方からも人気の高い、SOU・SOUを代表するロングセラーとなっています。

「『非常に和を感じるデザインですね』とよく言っていただく柄ではあるが、自分としては、日本を意識して描いたつもりはまったくなかった。ところが完成してみたら、自分でも驚くほど和的なものになった。外国で長い間暮らしていると、自分のアイデンティティやルーツについて自然と自問自答するようになる。意識下にあった日本に対する想いが、テキスタイルデザインを通して知らず知らずのうちに表出したのだろうか」。

布芝空薔薇

NUNO SHIBA SORA BARA

完成したデザイン

ストライプを足した原画

原画の元となったはがき

「布芝空薔薇」は、二〇〇六年に描いた一枚のはがきをアイデアソースにして、京都にあるギャラリー「printz」のためにデザインしたテキスタイルです。

最初は、薔薇の花を並べただけのデザインを提案していた脇阪氏。何度見せても若林氏からは「もっとポップにしてください」と言われ続けてしまいます。最終的には、若林氏のアドバイスを元に、バックに縦のストライプ柄を入れることで、ようやく今のデザインに落ち着きました。

「正直なことを言うと、当時、若林君にアドバイスをもらいながら、ぼくは心の中で『そんなに手を入れないで、このままのほうがよいのではないかな?』と思っていた。だけど、一度肩の力を抜いて、全部を受け入れてみることにした。結果的に、発表されたこの柄はとても評判がよく、たくさんのお客さんから『この柄がとても好きです』と声をかけていただけるものとなった。若林君のリー

ドによって、テキスタイルデザイナーとして自分の新しい一面に出会えたことが、とてもうれしかった」。

「布芝空薔薇」を改めてよく見ると、黒と白のストライプという異質なものがバックに入ることで、簡略化された薔薇の花のかわいらしさがより引き立ち、また、テキスタイル全体がとてもポップな雰囲気をまとっていることがわかります。

「テキスタイルデザイナーは芸術家ではない。テキスタイルは商品なので、一定量を生産し、それが人に使われて成立する。僕はデザインはできるが、商品を作り売ることには向いていない。若林君との出会いがなければ、今の僕はない。プロデューサーとしての彼のセンスを信頼するきっかけになった柄である」。

菊
KIKU

原画の元となったはがき

完成したデザイン

実はこの柄は、マリメッコのために作られたものでした。脇阪氏がマリメッコに原画を送る前のこと。アトリエでこの柄を見た若林氏がこれをたいへん気に入り、「もしマリメッコで不採用になったら、ぜひSOU・SOUで使いましょう」ということに。はたして半年後、マリメッコでは不採用となり、SOU・SOUで改めて「菊」としてデビューすることになりました。

　当時のSOU・SOUは、モノクロームで抽象的なモチーフを描いたストイックな印象のテキスタイルが主流。こういう和風でたおやかな印象のテキスタイルは珍しかったこともあり、「菊」はSOU・SOUの初期のヒット作となりました。

　『菊』は、初めて日本的なものを意識して作成した、自分にとって転機となった柄。制作当初、僕は相手がマリメッコだということ

足袋下用に描いた原画

を意識していた。だから、古典的な世界観を一歩引いてとらえ直し、こんな風にポップなテキスタイルとして表現することができたのかもしれない』。

　菊の花はよく脇阪氏のテキスタイルに登場するモチーフですが、このテキスタイルの菊は、菊そのものではなく、菊をかたどった和菓子がモチーフになっています。きれいな色の和菓子を散らして、黒い雲のコントラストで、全体をモダンに引き締めて。

「僕の人生において、マリメッコで働いていた時代はとても強烈な体験であり、テキスタイルデザイナーとしての自分は、いつまでたってもマリメッコの影響下から逃れられないのではないかと思ってきた。けれどこの柄がマリメッコに受け入れられず、SOU・SOUでのびのびと本領を発揮してくれたことで、『今の自分にしか作れないものを作ることができている』という想いを持ち始めたのだと思う」。

　こうして「菊」は、テキスタイルデザイナー・脇阪克二の新しい扉を開けてくれた、記念すべき作品となりました。

SOU・SOU誕生の話

若林剛之×脇阪克二 対談

国産地下足袋をアピールするためのインスタレーション(TOKYO DESIGNERS WEEK 2003)

十二年来のパートナー

若林　脇阪さんに初めてお会いしたのは十二年前。恥ずかしながら、ぼくは当時、テキスタイルデザイナーという職業があることも知りませんでした。生地の柄は、メーカーの人が描いているんだと思っていたんです。脇阪さんの作品をいくつか見せていただいたときに、テキスタイルの親しみやすいかわいさと、他にはないオリジナリティに感動しました。ぜひいっしょにものづくりをしていきたい、しなければいけない、と思いました。

脇阪　若林君は感性の人なんですよ。「こういうものを描いてほしい」というリクエストもいつも直感。昨日まで興味を示していなかったモチーフを急にクローズアップしたり、「お店で使う茶器に直接絵を描いてください」なんていう突飛なアイデアに驚かされることも多々あります。けれどその感性が本当に鋭く、毎回結果が出るので、今ではとても信頼しています。

若林　SOU・SOUを立ち上げて間もないころ、国産の地下足袋をアピールするための企画展をすることになり、脇阪さんにお願いして大量の地下足袋に直接絵を描いていただいたことがありましたね。

脇阪　最初は、なんて無理なことを言う人だ！　と驚いたけれど、「これはぼくにとっての一〇〇〇本ノックだ」と思ってひたすらチャレンジしました。本当に大変でしたが、結果的にとても評判が良いものになりました。

若林　あのときは無理をさせてすみませんでした……。でも、結局あの展覧会の成功が元となって、いまのSOU・SOUの地下足袋シリーズが生まれたんですよね。

脇阪　あれは、自分の新しい可能性に気づかせてもらえた経験だったと思います。同じことをするのはもう今は無理だと思いますが……。

よりポップに、より今らしく

脇阪　SOU・SOUを始めたころは、若林君から「もっとポップにしてください」とよく言われていました。

若林　脇阪さんの描くものは、当時はわりと渋かったんですよ。このままでは、せっかく良いものでも、若い人たちには響きにくいと思った。ぼくの仕事は作り手と使い手の橋渡しをすることなので、もっとポップに、もっとグラフィカルに、とその都度お伝えしてきました。それは、若い世代に媚びるというのではなく、古いものも新しいものも同列に、今の価値観で打ち出していくということ。脇阪さんの中にある変わらないものを伝えるために、表現として変わっていく部分も必要だと思うんです。

脇阪　ぼくも毎回真剣ですから、正直、「このままのほうがいいのに……」と思うことも当時はあったんですよ。でも「一度こだわりを捨てて素直にアドバイスを聞いてみよう」と思って若林君の言われるままにしてみたら、結果的にすごく評判が良くて、商品も売れ、たくさんの方に喜んでいただけた。そういうことを繰り返していくうちに、若林君の感性を信頼するようになってきたんです。いまは、ポップさの塩梅も、その良さも、自分なりにわかるようになってきたと思います。

若林　僕のような若造の言うことも素直に取り入れてくれるところが脇阪さんのすごいところ。だから脇阪さんのテキスタイルは、普遍的でありながら、常に新しいのだと思います。僕は、SOU・SOUの仕事を通して、日本文化のすばらしさを未来へ橋渡ししていく一助となればと思っているんです。脇阪さんのテキスタイルがあれば、それができると信じています。

地下足袋の
ファーストコレクション

テキスタイルで伝える日本の美

初期に発売した宮脇賣扇庵謹製の扇子と、むさし屋謹製の紐足袋

若林　脇阪さんは今までマリメッコ、ラーセン、ワコールと錚々たる会社で仕事をされてきて、それぞれ違う世界観を反映させたテキスタイルを生み出してきた。いま、SOU・SOUで仕事をするからには、過去と同じことをしても意味がない。北欧や西洋に憧れた「〇〇風」があふれている今だからこそ、日本独自のテキスタイルを作るべきだと思いました。日本の最大の魅力というと、やはり「四季」の存在。そんなぼくのオーダーに、想像以上の表現で応えてくれるのがテキスタイルデザイナー・脇阪克二のすごさだと思います。脇阪さんは、三十五センチ幅の一枚の布の中に無限の世界の美しさを描くことができる。

脇阪　京都生まれのぼくですら、ここまで四季を意識して過ごすようになったのは、SOU・SOUでテキスタイルを作り始めてから。日々の仕事を通して、四季に寄り添いながら生きることの心地良さを再確認させてもらっています。

若林　SOU・SOUのコンセプトは「新しい日本文化の創造」。古くからの伝統も、SOU・SOUのテキスタイルでポップに楽しく、京都から発信していきたいと思います。若いころに京都を離れ、フィンランド、NYと拠点を移してきた脇阪さんが、再び京都へ戻り、七十歳になったいまも、日々ものづくりを続けている。こんなにかっこいいことはないと思いますよ。

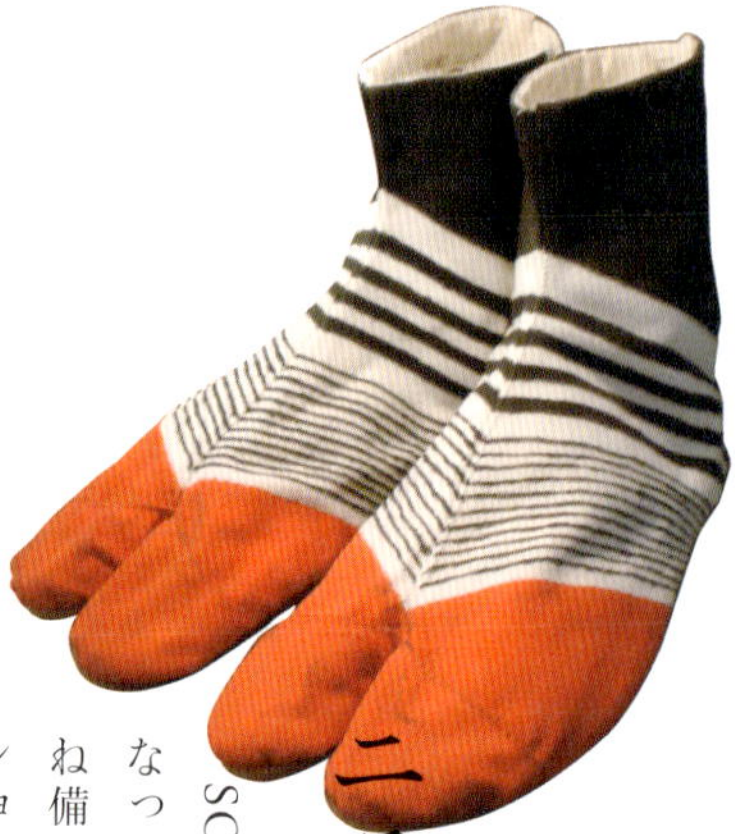

ニューヨークと地下足袋

SOU·SOUというブランドが世間から注目を集めるきっかけになったのが、地下足袋です。デザイン性、機能性、さらに伝統も兼ね備えた、一三〇年以上の歴史を持つ地下足袋。独特なプロポーションと、ポップでカラフルなテキスタイルデザインが見事に融合し、今ではブランドを代表する人気商品になっています。

二〇〇三年、SOU·SOUがまだ地下足袋作りをスタートさせたばかりのころ。地下足袋の魅力を海外の人々にも伝えるため、ニューヨークのSOHOにて「SOU·SOU足袋 EXHIBITION NEW YORK-TOKYO-KYOTO」を開催しました。

ギャラリーがひしめくSOHOは、クリエイティブな時代の動きに敏感な人々が集まるアートの街。ずらりと並んだ地下足袋は、「JAPAN MADE 地下足袋」のファーストコレクションに加え、ひとつひとつ脇阪氏が手描きで柄を描いた一点ものも。生まれて初めて見る地下足袋の個性的なフォルムと、ジャパニーズ・モダンな世界観に、訪れた人々からはさまざまな感歎の声が寄せられました。

最初の一足を買い求めたのは、ラルフローレンのディレクターをしているという男性。彼は何日も前から「いつSOU・SOU足袋が来るんだ?」とギャラリー宛てにメールをくれていたそう。

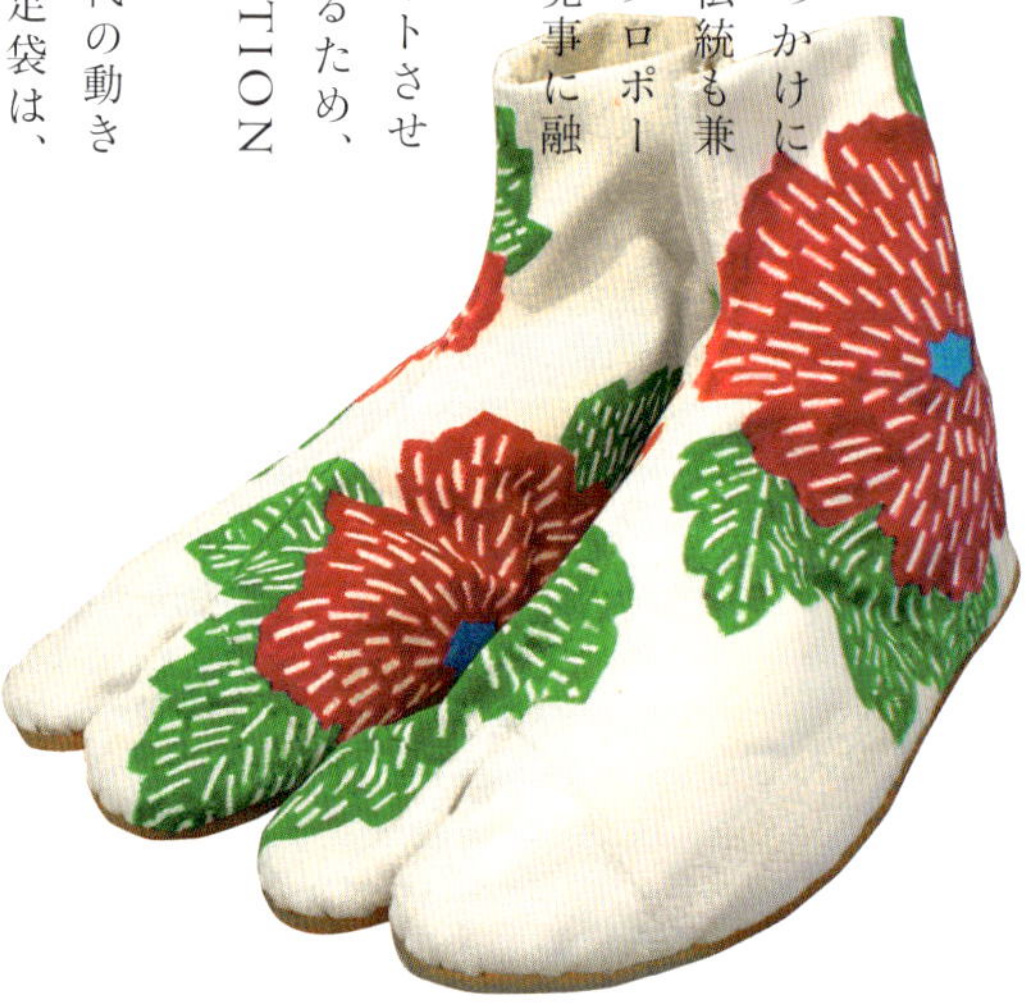

その後もグラフィクデザイナー、ファッションデザイナー、モデルなど、さまざまな業種の人々が地下足袋を購入。現在の日本では普段使いの履物として認知されていない地下足袋が、ニューヨークの人々からは最先端のファッションアイテムとして屈託なく受け入れられたというのも興味深いできごとでした。

印象深かったのは、グループで訪れたヒップホップのダンサー達。「君たちは踊り始めて何年経つのかわからないけれど、この足袋は日本で四〇〇年の伝統がある阿波踊りのときに履くもので、とても良いものだ」と若林氏が説明すると、「SO COOL!」と感動し、みんな大喜びで買っていったのだそう。

こうして、SOU・SOUの地下足袋は、世界唯一の国産地下足袋ブランドとして、国境を越えて世界に広がっていくこととなりました。

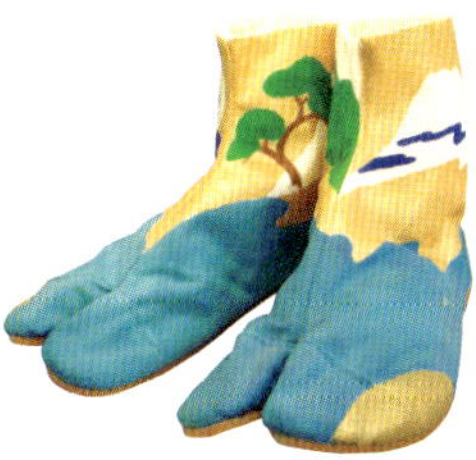

おわりに

SOU・SOUでは、テキスタイルからイメージをふくらませて作った和菓子を、店舗内の茶席「SOU・SOU在釜」にて毎月提供しています。創作は、老舗の京菓子司・亀屋良長。季節の移ろいを五感で味わうことのできる「和菓子」の魅力を見つめ直すための、なんとも粋なコラボレーション。月が変わるごとに足繁く通うファンも多く、既に七年以上も続いている大人気の趣向です。

実は、SOU・SOUの社員は、入社後二年間以上、茶道の稽古に通うことを義務づけられています。目的は、自分たちが伝えるべき日本文化の真髄を、まずは肌で

感じてもらうため。情報としてではなく、実体験を通して得た本物の知識は、よりリアリティを持ってお客さまに伝わると同時に、売り手自身の矜持にもつながっていくと、プロデューサーの若林氏は考えます。

茶道だけでなく、SOU・SOUのスタッフは皆、普段からテキスタイルに身を包み、季節の変化を肌で感じ、京都の地で伝統行事を楽しみながら暮らしています。SOU・SOUが提唱する「新しい日本文化の創造」とは、決して大仰なものではなく、あたりまえの日常の中に心地よく息づいていくべきものばかり。そしてそのすばらしさをお客さまにまっすぐにお伝えすることこそが、真のSOU・SOU流のおもてなしなのです。

SOU・SOU（そう・そう）

「新しい日本文化の創造」をコンセプトにオリジナルテキスタイルを作成し、地下足袋や和服、家具等を製作、販売する京都のブランド。脇阪克二（テキスタイルデザイナー）、辻村久信（建築家）、若林剛之（プロデューサー）らによって二〇〇二年設立。京都のほか、東京とサンフランシスコにも店舗をかまえる。

http://www.sousou.co.jp/

SOU・SOUの名物裂《めいぶつぎれ》 テキスタイルデザイン手帖

二〇一五年五月一五日　初版第一刷発行

著者　SOU・SOU
装丁・本文デザイン　大黒大悟＋佐野真弓（日本デザインセンター）
文章　脇阪克二（テキスタイル）、小宮山さくら
翻訳　木下マリアン
編集　中川ちひろ
発行人　三芳寛要
発行元　株式会社パイインターナショナル

一〇七－〇〇〇五　東京都豊島区南大塚二－三二－四
電話　〇三－三九四四－三九八一
ファクス　〇三－五三九五－四八三〇
sales@pie.co.jp

編集・制作　PIE BOOKS
印刷・製本　株式会社アイワード

ISBN978-4-7562-4620-2 C3070　Printed in Japan

ご注文、乱丁・落丁本の交換等に関するお問い合わせは、小社までご連絡ください。